Hildegunde Wöller

Über Gott und die Welt reden

Gedanken zu den großen Lebensfragen

Hildegunde Wöller

Über Gott und die Welt reden

Gedanken zu den großen Lebensfragen

Kreuz

Inhalt

Vorwort

Das Gespräch ist etwas vom Kostbarsten im menschlichen Leben. Gewiss dreht es sich oft um banale alltägliche Dinge, das muss auch sein. Aber ab und zu, wenn Menschen sich füreinander Zeit nehmen und die Gelegenheit günstig ist, setzt ein wirkliches Gespräch ein. Es geht in einem guten Gespräch nicht um eine Auseinandersetzung oder gar einen Streit, sondern um das Aufeinander-Hören und Aufeinander-Eingehen und damit um eine Vertiefung und wirkliche Begegnung.

Das Gespräch reicht auch in die schlimmsten Situationen hinein.

Solange ein Mensch noch atmen und sprechen kann, ob in Krankheit und Liebeskummer, in Trauer und Sinnkrisen, in Todesnähe und Verzweiflung, kann ein Gespräch mit einem anderen trösten und heilen.

Die Texte in diesem Buch sind natürlich kein echtes Gespräch, dazu gehören mindestens zwei, aber sie wollen Gesprächsbeiträge sein und sind daher subjektiv, wollen weder belehren, noch etwas beweisen, wohl aber zu weiteren Gesprächen anregen. Und damit sie nicht zum Monolog werden, kommen neben der Autorin auch andere Stimmen zu Wort: neben der Bibel Dichter und Schriftsteller, Wissenschaftler und Philosophen und dazu die ganze Vorratskammer der menschlichen Geschichte.

Wie in einem Gespräch ein Wort das andere gibt, Assoziationen von einem Thema zum nächsten springen, so sind auch hier Texte mit verschiedenen Ausgangspunkten versammelt. Dabei geht es immer um Stichworte, die um das unendliche Thema »Gott und die Welt« kreisen und damit um die Frage nach dem Sinn des menschlichen Lebens, bedacht auf dem Hintergrund des christlichen Glaubens. Die einzelnen Gesprächsimpulse geben der Leserin und dem Leser bewusst Raum für eigene Einfälle oder das Abschweifen zu eigenen Gedanken. Die Autorin wünscht sich Leserinnen und Leser, die zwischen den Zeilen lesen können und mit eigenem Weiterdenken da anknüpfen, wo die Sprache versagt. Ein Gespräch endet ja nicht, indem man zu einem Abschluss gekommen ist, es endet, wenn die gemeinsam verbrachte Zeit zu Ende geht – und es beginnt neu, wenn Zeit und Gelegenheit dafür erneut günstig sind. Denn die Gedanken, um die es geht, werden immer neu zu besprechen sein, solange Menschen nach sich und anderen fragen und sich darüber austauschen.

Leider hat nicht jeder die Gesprächspartner, die er sich für die Themen, die ihn interessieren und angehen, wünscht. Die Einsamkeit ist manchmal groß. Gerade auch für Leserinnen und Leser, die solche Gespräche vermissen, ist dieses Buch gedacht – um sie einzubeziehen in ein Gespräch, das doch jeden angeht. Ich wünsche gute Unterhaltung!

Die Beiträge entstanden zum Teil aus Rundfunkbeiträgen, deshalb wurde auf Fußnoten verzichtet. Der Leser, der sich für weitere Literatur interessiert, findet diese im Literaturverzeichnis.

Hildegunde Wöller, September 2008

Österlich leben

Der Glaube an die Auferstehung im Lebensalltag

Wir Heutigen sind nicht dabei gewesen, als der Blitz kam, der Stein weggewälzt wurde, die Engel mit weißen Gewändern erschienen und der Totgeglaubte zu den Jüngern sprach. Wir kennen die Geschichte von den Zeuginnen und Zeugen der Auferstehung. Wenn diese unerhörte Erzählung uns selbst ergreifen soll, muss sie in unserem eigenen Erleben anklingen, damit wir sie zum Ausgangspunkt nehmen, um eigene Erfahrungen zu deuten und sie zum Modell eigener Erkenntnis nehmen und schließlich eigenen Verhaltens.

Von Ostern her leben ist eine ganz persönliche Erfahrung. »Man sieht nur, was man weiß«, hat Goethe gesagt. Was kann man sehen, wenn man gehört hat, dass es so etwas wie einen Ostermorgen gibt?

Ein paar Beispiele sollen das anschaulich machen, auch wenn jede und jeder anderes erleben wird:

- Man kann die Erfahrung in den großen Osterliturgien in Kirchen und Klöstern suchen. Gerade in den letzten Jahren werden sie selbst von Kirchenfremden wieder aufgesucht. Ob man die ganze Karwoche mit Fasten und Wachen begeht, mit Meditationen und Gesängen, bleibt dem Einzelnen anheimgestellt. Doch auch wer sich auf die Feier der Osternacht beschränkt, wird sie nicht vergessen. Eine Nacht durchwachen. Im großen Kirchenschiff ist es dunkel, alle schweigen. Und dann, kurz vor Sonnenaufgang, entzündet der Priester am Altar mit dem Ruf »Christus ist auferstanden!« eine Kerze. An dieser einzigen Flamme entzünden dann alle Versammelten ihr eigenes Licht. Die vorher dunkle Kirche wird hell. Aus dem Schweigen erheben sich feierliche, jubelnde Ostergesänge. Und wenn die Morgensonne dann alle bescheint, wird es niemanden geben, der nicht ergriffen wäre von dieser Feier.

- Man kann ein ähnliches Erleben auch für sich selbst in einem Urlaub in der Natur suchen. Früh, wenn es noch dunkel ist, hinaufziehen auf einen Berg, an die Küste eines Sees oder des Meeres. Wachen in den kalten, dunklen Stunden, wenn es noch dunkel ist. Schauen, wie im Osten das frühe Morgenrot aufscheint und den fahlen Himmel mit Farben überzieht. Zeuge des Farbenspiels sein, das den Horizont zum Glühen bringt, bis zuletzt die glutrot-feurige Kugel der Sonne am Horizont auftaucht, in deren Licht die Natur wieder Farbe und Kontur annimmt und die ersten Vögel singen: ein neuer Tag beginnt. Wer von diesem Schauspiel heimkehrt, wird es nicht vergessen.

- Man kann einen Frühlingsspaziergang an einem der ersten sonnig-warmen Tage machen, an denen zarte weiße Wölkchen den blauen Himmel zieren und die Erde sich mit dem ersten Grün und den frühen Blumen geschmückt hat. Schauen, wie dem fahlen, graubraunen Boden frisches Gras, Krokusse, Narzissen und Osterglocken entsprossen sind und an allen Büschen und Bäumen die Knospen schwellen. Wer Augen hat zu sehen, wird dies als ein Glück erleben, das einem einfach so geschenkt wird.

- Man kann nach langer schwerer Krankheit die ersten Schritte tun. Die Schmerzen sind vergessen, die Angst hat sich gelegt. Noch schwach, aber erleichtert setzt man sich in die Sonne, genießt Tee und Kuchen, die wieder schmecken. Die Genesung wird noch Zeit in Anspruch nehmen, aber das Leben hat einen wieder. Man schaut in die Bäume, genießt die frische Luft. Dankbar gewinnt man neuen Geschmack am Dasein.

- Man kann ein Neugeborenes bestaunen. Da liegt er, der neue Erdenbürger, mit seinen paar Härchen auf dem Kopf, hat alle fünf Finger an der Hand und alle fünf Zehen am Fuß. Hat Augen, Ohren, Mund und Nase – alles, wie es sein soll. Ein Wunder des Lebens, allem Sterben und Verderben zum Trotz.

- Man kann das Wiedersehen mit einem geliebten Menschen feiern. Der erste Anblick nach langer Trennung kann einen treffen wie ein Schock des Glücks. Aus Erinnerung, Sehnsucht und Traum, aus Ängsten und Zweifeln wird erneut Wirklichkeit. Er war fremd geworden, undeutlich, nun steht er wieder vor einem, vertraut und doch ganz neu – und die alte Bezauberung stellt sich wieder ein, steigert das eigene Sein zu Erfüllung.

Ja, es lohnt sich, vom Osterlicht her seine Wahrnehmung für das zu schärfen, was das eigene Leben mit Schönheit, mit Staunen und Ehrfurcht erfüllt. Denn es tut gut, sich immer wieder einmal aufzurichten aus dem grauen Einerlei, aus dem Dahinvegetieren in alltäglichen Pflichten, aus dem Klagen über den Zustand der Welt. Die Erzählung von Ostern kann nur dann im eigenen Leben Wirklichkeit werden, wenn solche Erlebnisse immer wieder die dichte Schale des normalen Alltagsbewusstseins durchbrechen und die Ahnung wachhalten, dass bei solchen Erlebnissen mit uns selbst etwas geschieht, etwas, das uns wandelt und beglückt.

Zu solchem Erleben kann und soll das Erkennen treten, ein Erkennen, das klärt und festigt, was das Gefühl ergriffen hat.

Es hat einmal einer gesagt: Alle Fragen, die Menschen je stellen könnten, nach dem Sinn des Daseins und nach einem Weiterleben nach dem Tode, liefen auf eine einzige Frage hinaus: Ist das Universum freundlich oder nicht? Das heißt: Wirkt da ein Schöpfer, der uns will und liebt, oder sind wir Menschen ein Zufallsprodukt der Evolution, noch dazu ein ziemlich verunglücktes? Gibt es da jemanden, der nach uns schaut, oder sind wir einsame Nomaden am Rande eines kalten, leeren Universums? Laufen wir mit dem Glauben an einen uns zugewandten Gott, an einen Sinn, an die Liebe in die Falle unserer eigenen Illusionen und werden am Ende unseres Lebens nur wie Jesus schreien können: »Mein Gott, warum hast du mich verlassen?« Die Frage, ob es eine Auferstehung der Toten und ob es ein freundliches Universum gibt, meint dasselbe, nur mit anderen Worten. Auf diese Frage gibt es für Skeptiker, die ihren Verstand auch an Ostern nicht an der Garderobe abgeben wollen, eine moralische und eine wissenschaftliche Auskunft.

Die moralische Auskunft nennt man die Pascal'sche Wette: Ein Edelmann sucht den gelehrten Mönch Blaise Pascal im Kloster auf und sagt: Er werde ja fasten, er werde regelmäßig zur Messe gehen, er wolle ja gerecht sein und seiner Frau treu, wenn er nur sicher wüsste, dass es Gott gibt. Pascal soll geantwortet haben: Fang noch heute an zu fasten, regelmäßig zur Messe zu gehen, gerecht zu deinen Untergebenen zu sein und deiner Frau treu, denn er, Pascal, gehe die Wette mit ihm ein, dass es Gott gibt. Der Edelmann war nicht auf den Kopf gefallen: Und was, wenn Pascal die Wette verliert? Nun, meinte Pascal, das werde sich erst am Jüngsten Tag herausstellen, jedenfalls habe der Edelmann dann aber ein gutes und menschenwürdiges Leben geführt. »Denn«, so schloss Pascal, »vielleicht, mein Sohn, vielleicht ist es wahr.«

Es gibt zwar das Erfahrungswissen »Hoffen und Harren macht manchen zum Narren«, und doch gilt noch viel mehr, dass die Hoffnung ein wahres Lebenselixier ist. Hoffnung macht gesund, macht froh, weckt ungeahnte Kräfte, fördert Kreativität und Nächstenliebe. Man könnte geradezu sagen: Nicht: »Wer zuletzt lacht, lacht am besten«, sondern: »Wer am längsten gelacht hat, hat auch am besten gelacht.«

Wer in seinem Leben auf Gottes Liebe und Güte vertraut, wer sich von der Hoffnung nährt, dass ihn am Ende seines Lebens weder das graue Nichts noch eine Hölle, sondern der lebendige, in ewigem Licht strahlende Christus erwartet, der hat schon heute das, was man mehr Lebensqualität nennt. Dies lässt sich sogar in vielen Biographien beobachten, hält also allen skeptisch-rationalen Argumenten stand. Und weiter als bis zu dieser Wette kann der Verstand ohnehin nicht gelangen.

Aber nun gibt es heute noch eine wissenschaftliche Hypothese zu der Frage, ob das Universum freundlich sei oder nicht; und die ist ebenso neu wie aufregend:

Es ist die vom »anthropischen Prinzip« in der Evolution des Universums, das Brandon Carter 1973 als Erster so genannt hat. Diese astrophysikalische These meint, dass vom Urknall an und durch alle bisher bekannten Phasen der Entfaltung des Universums bis hin zur Bildung unseres Sonnensystems, der Erde und des Lebens auf ihr alles auf den Menschen, auf sein Bewusstsein hinziele. Jede noch so geringfügige Andersartigkeit der Naturgesetze wie Gravitation, Lichtgeschwindigkeit, Temperatur, das Wasser usw. im gesamten All hätte es sonst verhindert, dass wir überhaupt da sind. Aus dem Sosein des Universums, aus der Tatsache, dass das bewusste Wesen Mensch da ist und danach fragt, könne nur geschlossen werden, dass das Universum von Anfang an den Menschen im Sinn gehabt habe.

Bei solchen Überlegungen geraten wir ins Staunen. Denn auf einmal scheint die Bedeutung des Menschen im Ganzen der Welt doch wieder viel größer als vermutet. Im Hinblick auf den Tod sagt übrigens der kalifornische Astrophysiker Brian Swimme: »Wenn du die Welt mit deinem Leben überraschst, wird das Universum dich nach deinem Tod überraschen.« *Gibt* es also eine Auferstehung von den Toten, *ist* Christus auferstanden? Die Wahrscheinlichkeit spricht jedenfalls nicht dagegen, auch wenn es keine Beweise dafür gibt. Vertrauen und Hoffnung und vor allem eine Lebenskultur, wie Pascal sie dem Edelmann rät, bleiben unverzichtbar, soll der Glaubenssatz mit Leben gefüllt werden. Denn Glauben ohne Konsequenzen ist nichts, ist leer.

Zum festlichen Ritual der Ostergottesdienste gehört in

der orthodoxen Kirche bis heute das Osterlachen, und das war im Mittelalter auch hierzulande üblich: Der destruktiven Welt, dem eigenen skeptischen Verstand einfach ins Gesicht lachen und fröhlich sein, mögen andere uns auch für kindische Narren halten. Das kann man riskieren! Und dem Lachen im Alltag eine Gestalt geben – als Widerstand gegen den Schlendrian, gegen Gleichgültigkeit, gegen das Einstimmen in eine Welt, die so tut, als ob es Gott nicht gäbe.

Der schon erwähnte Blaise Pascal hat gesagt: »Es ist gefährlich, dem Menschen zu eindringlich vor Augen zu führen, wie sehr er den Tieren gleicht, ohne ihm seine Größe zu zeigen.«

Dieser Gefahr sind in den letzten Jahren viele erlegen, und Ostern ist ein guter Grund, darauf hinzuweisen, wie groß der Mensch ist: Es gibt eine Auferstehung der Toten, das heißt, es ist mit uns nicht zu Ende, wenn wir sterben. Christus als Erstgeborener von den Toten ist das lebendige Symbol dafür, dass Gott lebt, dass er gütig ist und uns niemals vergisst, keinen Einzigen von uns. Das Universum hat uns erwartet, und es erwartet etwas von uns. Wir sind geadelt und wert, unser Dasein wie Edelmänner und Edelfrauen zu gestalten. Pascal hat seine Überlegung fortgesetzt: »Und es ist weiter gefährlich, ihm (dem Menschen) zu eindringlich seine Größe ohne seine Niedrigkeit vor Augen zu führen.«

Davon, von der Großmannssucht, von der Skrupellosigkeit der Weltverbesserer aller Richtungen, wissen wir mehr als genug. Es ist gefährlich, wenn wir die Endlichkeit und damit Begrenztheit unseres Lebens, unserer Einsichten, unserer Bemühungen nicht mehr wahrnehmen, unser Sterbenmüssen vergessen. Aber Pascal lässt dieser Warnung eine dritte folgen:

»Es ist noch gefährlicher, ihn (den Menschen) in Unkenntnis des einen und des anderen zu lassen, aber es ist sehr vorteilhaft, ihm das eine und das andere darzulegen.«

Im glühenden Strahl des Ostermorgens erscheint der

Mensch sehr groß, in der Angst vor seinem eigenen Ende scheint er wieder sehr klein. Aber es wäre geradezu gefährlich, das eine oder das andere vom Bild des Menschen wegzulassen. Für Christen gehört es sich, beides selbst zu kennen und bekannt zu machen.

Theodor Adorno hat in seinen *Minima Moralia* 1962 geschrieben:

»Philosophie, wie sie im Angesicht der Verzweiflung einzig noch zu verantworten ist, wäre der Versuch, alle Dinge so zu betrachten, wie sie vom Standpunkt der Erlösung aus sich darstellten. Erkenntnis hat kein Licht, als das, das von der Erlösung her auf die Welt scheint.«

Und er nennt dieses Licht, in dem die ganze Welt zu sehen sei, »messianisches Licht«. Merkwürdig, es gibt für unseren menschlichen Geist offenbar keine andere Möglichkeit, als angesichts der Schrecken der Gegenwart und unserer Verzweiflung darüber an Erlösung zu denken.

Denn zur »Paradoxie des Menschseins gehört das Überflüssige als das Lebensnotwendige«, sagte Ortega y Gasset.

Bemerkenswerte Erkenntnisse, über die nachzusinnen sich lohnt.

Zur Erkenntnis muss schließlich das Tun und Verhalten treten, denn das eigene Tun ist ein Experiment mit dem Leben, das einem die einzig überzeugenden Beweise dafür liefern kann, dass über allem die Auferstehung und das Licht erneuerter Liebe stehen. Dafür ein paar Anregungen:

- Österlich leben bedeutet, die Endlichkeit des eigenen Daseins nicht mehr bedauern oder beklagen, sondern sie annehmen. Endlichkeit bedeutet doch auch: Ende der Schmerzen, der Konflikte, der Mühe, das ist ein Trost. Endlichkeit verleiht den schönen Augenblicken den Wert besonderer Einmaligkeit und Kostbarkeit. Sie sind Momente der Gnade.
- Österlich leben berechtigt zu der Überzeugung, dass

das Böse nicht das letzte Wort behält, auch wenn es lange Zeit so scheint. Etwas Größeres, Strahlendes, eine liebevolle Macht leuchtet jenseits aller Schrecken auf, heilend, mit Sinn erfüllend. Darum kann Unrecht mit Geduld ertragen werden.

- Österlich leben bedeutet, immer wieder wahrnehmen zu können, dass es die leisen Kräfte sind, die uns tragen. So sanft wie die Frühlingssonne, so zart wie das Knospen der Blumen, Kräuter und Bäume, so gewaltlos wie ein liebevoller Blick ist das Lebendige, und es hat erneuernde, überwindende Kraft. »Lass uns das Leben wieder leise lernen«, hieß ein schöner Buchtitel. Das kann man sich zum Programm machen, und es wird Früchte tragen.

- Österlich leben heißt, behutsam mit endgültigen Urteilen sein. Hinter allem, was andere Menschen tun, und scheine es uns noch so bösartig, unverständlich und verletzend, stehen Impulse und Überzeugungen, die womöglich etwas Wichtiges enthalten. Mit dem Urteilen und Verdammen könnten wir uns selbst ins Unrecht setzen. Mit Bescheidenheit und Behutsamkeit tun wir uns selbst nur Gutes.

- Österlich leben befähigt dazu, auch die eigenen Leidenserfahrungen einfach so stehen zu lassen. Nicht nach eigener Schuld oder nach der Schuld anderer fragen. Nichts rechtfertigen, nicht vertrösten, nicht beschwichtigen. Stehen lassen und sie in neuem Licht anschauen, im Licht von Ostern. Geduldig warten, dass der Sinn sich eines Tages zeigt, auch wenn es lange dauern kann.

- Österlich leben bedeutet: haben als hätte man nicht. Die Dinge, die wir besitzen, die Menschen, die zu uns gehören, die Erfolge, die wir erarbeitet haben, als Leihgabe des Lebens und Gottes an uns begreifen. Dankbar dafür sein, sorgfältig mit ihnen umgehen, sie aber nicht als Besitz betrachten, als unser Recht, auf das wir einen Anspruch hätten. Das macht alles leichter.

- Österlich leben gibt dem Dasein etwas Spielerisches. Es kommt am Ende unseres Lebens nicht auf das an, was wir getan haben und mit welchem Erfolg, sondern auf das *Wie*. Mit wie viel Freude, mit wie viel Liebe, mit wie viel Freundlichkeit, mit wie viel Selbsterkenntnis haben wir die Aufgaben gelöst, die das Leben uns gestellt hat?

- Österlich leben ermöglicht es, aktuelle Entscheidungen vom eigenen Sterbebett aus zu betrachten und sich die Frage zu stellen: Wie würde ich am Ende meines Lebens wünschen, mich entschieden zu haben? Die Erfahrung Sterbender zeigt, dass dann, wenn das Leben unwiderruflich zu Ende geht, nicht die materiellen Erfolge zählen und schon gar nicht das moralisch immer untadelige Verhalten, mit dem man sich vieles versagt hat. Was Sterbende schmerzt und belastet, ist ungelebtes Leben, sind ausgeschlagene Chancen, sind ungenutzte Gelegenheiten, zu lieben und sich lieben zu lassen.

- Österlich leben befreit zu dem Lachen, das zum Osterfest gehört. Lachen über die eigenen Dummheiten und Irrwege, lachen selbst über eigene Scham und Schuld, lachen über die Situationen, in denen es keinen Ausweg mehr zu geben scheint. Denn das Lachen ist Ausdruck des Triumphs des Lebens über den Tod. Lachen ist das befreiende Lachen der Noch-einmal-Davongekommenen. Lachen bricht spontan auf, wenn ein Schrecken überstanden ist. Lachen ist ein Ausdruck, der nur dem Menschen zu Gebote steht, und lachen kann er gerade auch dann, wenn der Verstand am Ende ist und seine Pläne gescheitert sind.

- Österlich leben meint, das eigene Dasein als ein Abenteuer anzunehmen, dessen Ende offen ist, als ein Rätsel, für das es keine fertige Lösung gibt, als einen Weg, auf dem es Schrecken und Gefahren gibt. Diese Schrecken sind kein blindes Schicksal, das straft, sondern Weckrufe. Denn wir sollen wach werden, unsere Illusionen aufgeben, etwas Größeres ins Auge fassen

als unser gemütliches Unglück. Es ist uns viel zuge-
traut und zugemutet, weil wir wach werden und
wachsen sollen.

- Österlich leben ist die Erinnerung an die eigene Taufe.
Die meisten werden als Babys getauft. Die Kirche hat
dafür gute Gründe. Umso wichtiger ist es für den Erwachsenen, sich zu vergegenwärtigen, was Taufe
meint. Sie ist ein immer neues Abschiednehmen und
Loslassen von Identifizierungen und Überzeugungen,
um über sie hinauszuwachsen in das Licht hinein,
das von Christus her in uns hineinstrahlt. Und dieses
Christuslicht ist nicht nur sanft und mild, es ist kann
auch scharf wie ein Blitzstrahl sein, wie ein Schwert,
das unseren Dämmerzustand durchschneidet. Taufe
bedeutete immer auch Absage an das Verhaftetsein
an böse Geister, an Götzenanbetung. Und was sie bewirkt, ist eine ungeahnte Freiheit. Denn auf die Taufe
folgt ja der Segen, das Bekleidet-Werden mit einem
neuen Gewand und ein Name. Nach der Taufe betritt
der Mensch eine neue Ebene seines Daseins, das Land
der Freiheit. Und nichts soll ihn mehr in das Alte
zurückziehen.

- Österlich leben bedeutet, den Menschen und allem Lebendigen »priesterlich« gegenüberzutreten, nämlich
zu segnen. Es bedeutet, aus der Haltung der Abwehr
und Feindseligkeit herauszutreten in die Haltung ge-
lassener Freundlichkeit, ins Wohlwollen, in Milde und
Gewährenlassen. Wer segnet, gönnt dem anderen Leben und Gedeihen, wer segnet, wendet ihm eine Kraft
zu, die aus Gott kommt. Wer segnet, bereitet guten und
helfenden Kräften den Weg. Wer andere segnet, reinigt
sich von Missgunst und Groll und öffnet sich selbst
dem Strom göttlichen Geistes.

- Österlich leben heißt erotisch leben. Der Eros ist die
stärkste Kraft im Menschen, mächtiger als die Suche
nach Besitz und Macht. Ostern, so zeigt die zauber-
hafte Begegnung zwischen Maria Magdalena und dem

Auferstandenen, bestätigt den Eros, seinen Zauber, seine Innigkeit, seine Freude. Eros verzaubert die Welt, verzaubert den Geliebten und verzaubert einen selbst. Neben dem Eros haben Angst und Kleinmut keinen Raum. Im Licht des Eros wandelt sich die hässlichste Umgebung in Schönheit. Wer seine Arbeit mit erotischer Energie tut, erlebt jenes Fließen der eigenen Kräfte, das wie ein belebender Rausch erlebt wird und die Zeit als Ewigkeit erscheinen lässt.

• Österlich leben gibt der Ekstase Raum. Alle Begegnungen mit dem auferstandenen Christus verdanken sich einem Bewusstseinszustand, der über das Alltagsbewusstsein hinausgeht. Die Jüngerinnen und Jünger und Tausende Christinnen und Christen in den zwei Jahrtausenden seither erlebten das, was man Visionen und Auditionen nennt. So machten sie die Erfahrung, dass Christus lebt. So und nur so ist es dem Menschen möglich, jenes messianische Licht und seine Stimme wahrzunehmen, das ihn selbst und die Welt neu erscheinen lässt. Solche ekstatischen Augenblicke mögen selten sein, aber sie überstrahlen das ganze Leben, erhellen wie ein Blitz das bisherige Dasein und seine künftige Richtung. Nur einen Moment lang nahmen die Jünger bei ihrer Ankunft in Emmaus wahr, dass der fremde Gast Jesus war. Als sie ihn erkannten, verschwand er vor ihren Augen. Aber dieser Augenblick, in denen ihr Herz brannte, genügte, um sie auf einen neuen Weg zu bringen. Man kann die Ekstase nicht machen, aber man kann üben, dem zu vertrauen, was Intuition und Ahnung einem sagen.

• Österlich leben bedeutet, sensibel zu sein für das Wunderbare. Es gibt der Möglichkeit Raum, dass alles doch ganz anders ist, als der Verstand, das eigene Schicksal und die Lage der Menschenwelt einem vor Augen halten. Wer wach ist, kann an den Rändern der sichtbaren Welt immer wieder etwas aufblitzen sehen von der göttlichen Wirklichkeit, die in allem lebt und webt und deren grenzenlose Liebe wir uns kaum vorstellen können.

- Österlich leben bedeutet, die Inkarnation begreifen. Die Inkarnation, wie sie von Christus erzählt wird, der darauf verzichtete, Gott gleich zu sein, um ein Mensch zu werden. Inkarnation meint, dass die Christusenergie, der göttliche Geist zur Verwirklichung im Menschen, im Diesseitigen drängt. Es geht nicht darum, in höhere Sphären aufzusteigen, nicht darum, sich zum Höheren hinaufzuarbeiten, sondern das Göttliche im Diesseitigen, im Irdischen, im Menschlichen wahrzunehmen, zu entdecken, ja, selbst zu verwirklichen. Nicht Jesus Christus allein, jeder einzelne Mensch ist eine Inkarnation göttlicher Schöpfungskraft. Darum ist jeder einmalig, einzigartig und gesegnet. Jeder hat eine besondere Gabe und Begabung im Ganzen der Menschheit und soll sie in diesem Leben zum Leuchten bringen. Und da kann man viel, ja alles riskieren, so wie Jesus alles riskiert hat, auch sein Leben. Da er aus Gott kam, kehrte er auch zu Gott zurück, unverletzt, unzerstört, aber bereichert um eine Erfahrung, die nur auf dieser Erde zu machen war. Die christliche Tradition sagt, der auferstandene Christus trage die Wundmale Jesu. Sie sind der wahre Orden, den ein Mensch gewinnen kann.

- Österlich leben bedeutet, sich klarzumachen, dass dieses Dasein ein wesentlicher Abschnitt ist in einem Leben, das mit dem Tod nicht auszulöschen ist, sondern weitergeht – in eine Welt hinein, die wir uns jetzt kaum vorzustellen vermögen, die uns aber erwartet. Was jetzt zu wissen und zu tun ist, ist zureichend mit dem Jesusgebot zu lieben umschrieben. Denn Wissen, Glauben und Hoffen vergehen, aber die Liebe bleibt in Ewigkeit.

- Österlich leben, von der Auferstehung her, macht Mut und gibt die Freiheit, sich mit ganzer Konzentration dem Heute zuzuwenden. Heute, hier und jetzt ist die

Aufgabe, die zu lösen ist. Heute, hier und jetzt warten andere Menschen auf meine Zuwendung, mein Können, meinen Mut zum Widerstand gegen das Unrecht, meine Zeit und meine Barmherzigkeit. »Eure Lindigkeit lasset kund sein allen Menschen, denn der Herr ist nahe« (Phil 4,5), heißt es beim Apostel Paulus. Mit »Lindigkeit« meinte Luther den sanften Frühlingswind, der junges Leben mit sich bringt.

● Österlich leben heißt, sich der Gegenwart des lebendigen Christus in einem selbst, in jedem anderen Menschen, in der Geschichte, in der ganzen Natur bewusst zu sein und danach zu handeln. Ich brauche Christus nicht zu bringen und zu beweisen, er ist schon da, mir immer voraus, mich immer weiter rufend – als das Licht, das diese Erde und mich selbst geschaffen hat und mit leiser, aber unaufhörlicher Energie weiter lockt und treibt in eine Zukunft, die noch nicht erschienen ist, die aber aus demselben Licht geformt sein wird, das aus Gott kommt.

Vom Loben zum Leben

Die Kraft des Segnens

Gesundheit, darin sind sich alle einig, ist die Voraussetzung für fast alles weitere im Leben. Man könnte Gesundheit auch Lebensenergie nennen. Bei den heute so weitverbreiteten Immunkrankheiten, deren Ursachen die Medizin bisher nicht eindeutig klären kann, ist in jedem Fall eine seelische Komponente im Spiel: Lustlosigkeit, Depression, ein Mangel an lebensbejahender Kraft. Schon Müdigkeit reicht ja aus, einen Schnupfen zu bekommen. Unsere Abwehrkräfte basieren auf einer positiven Lebenseinstellung.

Von Kindern ist es längst bekannt: Wenn sie nicht nur ausreichend genährt und gewärmt werden, sondern auch genug Liebe und Zuwendung bekommen, gedeihen sie sowohl körperlich als auch seelisch und geistig. Wenn ihnen Liebe fehlt, zeigen sich Mangelerscheinungen auf allen drei Ebenen.

Die Zuwendung, die sie brauchen, bekommen sie vor allem durch Gesten und Worte. Dabei ist es der Ton, der die Musik macht. Auch im täglichen Umgang zwischen Erwachsenen sind Freundlichkeit, ja möglichst auch Zärtlichkeit und Liebe ausgesprochen aufbauend und damit für die Gesundheit förderlich. Wer dagegen gekränkt ist, wird krank.

Um dem Leben gewachsen zu sein, brauchen wir Energie, die in zwei Richtungen wirkt: eine bergende Kraft, die beheimatet und heilt, was wir im Allgemeinen mit dem Mütterlichen verbinden, und eine Kraft, die uns aufrichtet und den Rücken stärkt, die uns Mut und Selbstvertrauen gibt.

Woher aber diese Kräfte nehmen?, klagen viele, und sie wirken wie solche, die vor einem See voller Wasser stehen, aber nur ein Sieb zum Schöpfen haben. Sie verstehen nicht, zu nehmen und aufzunehmen. Alles rinnt ihnen durch die Finger, und so viel Zuwendung sie auch erfahren, gleichen sie doch einem Fass ohne Boden. Dabei hat der Mensch nicht nur alle seine Sinne, um aufzunehmen, er ist sogar fähig, solche Energien zu speichern. In einem Gedicht von Gottfried Benn zum »letzten Frühling« heißt es:

> »Nimm die Forsythien tief in dich hinein
> und wenn der Flieder kommt, vermisch auch diesen
> mit deinem Blut und Glück und Elendsein,
> dem dunklen Grund, auf den du angewiesen.
>
> Langsame Tage. Alles überwunden.
> Und fragst du nicht, ob Ende, ob Beginn,
> dann tragen dich vielleicht die Stunden
> noch bis zum Juni mit den Rosen hin.«

Forsythien und Flieder zu vermischen mit unserm Blut und Glück und Elendsein, das kann tragen – bis zum Juni mit seinen Rosen, und so weiter durch die Tage und Wochen, an denen wieder etwas anderes uns freut und neu mit Kraft auflädt.

Wir können Kraft nicht nur speichern, wir können diese Energien auch an andere weitergeben. Wo dieser Kreislauf des Nehmens, Speicherns und Weitergebens unterbrochen ist, fließt keine Kraft mehr. So widersprüchlich es klingt, manchmal kann auf den, der sich kraftlos fühlt, die Aufforderung, anderen Kraft zu geben, heilend wirken. Ohne es zu merken, lernt er dann wieder, selbst Kraft aufzunehmen und zu speichern. So ist zum Beispiel bekannt, wie heilend es für Kranke ist, wenn sie ein Haustier bekommen. Sie fühlen sich verantwortlich für ein anderes Lebewesen, pflegen es, sprechen mit ihm und fühlen sich auf einmal besser. Subjektiv spüren sie nur die unverstellte Zuneigung eines Tieres, aber sie haben über dem Tier eben auch ihr eigenes Problem vergessen und sich dadurch erneut in den Kreislauf der Lebensenergie eingeschaltet. Es ist überhaupt erstaunlich, dass gerade Menschen, die krank sind oder viel gelitten haben, anderen eine positive Lebenseinstellung vermitteln und Kraft geben können. Das weist darauf hin, dass oft nicht die Starken anderen am meisten zu geben haben, sondern solche, die selbst auf Hilfe angewiesen sind.

Ein Beispiel macht diesen Kreislauf von Energie und Freundlichkeit am bekanntesten Symbol von Lebensenergie, am Geld, deutlich. Die kleine Geschichte stammt von einem unbekannten Verfasser:

»Vor einigen Tagen bat mich eine Frau, ihr fünf Mark zu wechseln. Sie musste dringend telefonieren. Ich hatte nur drei Groschen dabei, die gab ich ihr. Sie sagte: ›Den Rest geben Sie weiter …‹ Bald darauf stand ich am Bus. Scheine konnte der Fahrer nicht wechseln, mein Kleingeld reichte nicht – um einen Groschen. Der wurde dahergereicht von jemandem, der mich beschämte. Beim Warten vorher hatte ich ihn misstrauisch beäugt: Alkohol, Großstadt, Anonymität und so… Seitdem lauere ich auf die Chance zum Weitergeben. Ein junges Mädchen am Fahrkartenautomaten. Erleichtert biete ich ihm das Fehlende an. Es ist verwundert. ›Gib' s weiter‹, sage ich.«

In der Bibel heißt Lebensenergie »Segen«. Sie meint damit in erster Linie den Segen des Schöpfers, der unaufhörlich strömt – wie die Sonne, deren Licht die wichtigste Energiequelle der Erde und des Lebens ist. Diesen Segen aufzunehmen und weiterzugeben ist der Schöpfungsauftrag an den Menschen: »Ich will dich segnen, und du sollst ein Segen sein.« Nach jüdischer Überzeugung ist es überhaupt die Aufgabe des Menschen, die Welt zu heilen, das heißt zu segnen. Das auserwählte Volk ist dazu berufen, den Ursegen des Schöpfers, den er der Erde mitgegeben hat, zu vollenden, indem es die rohe Kraft des Gewordenen Stunde um Stunde und Tag für Tag betrachtet, darin das Gute vom weniger Guten unterscheidet und das Gute durch Segen heiligt, das heißt bewahrt und fördert.

Die Erzählungen der Bibel vom Alten bis ins Neue Testament sind daher auch eine Geschichte des Segens: Gott segnet Abraham, als er ihn erwählt, und von Abraham wird der Segen weitergegeben an seine Nachkommen. Isaak segnet Jakob, Jakob segnet seine zwölf Söhne, aus denen die zwölf Stämme Israels hervorgehen.

Und immer wieder erwählt Gott neu einen Gesandten, auf den er seinen Segen legt und der dadurch die Vollmacht bekommt, Segen weiterzugeben; so segnet Mose das Volk, das er aus Ägypten geführt hat. Und von seinem Bruder, dem Priester Aaron, stammt der aaronitische Segen, den wir auch in christlichen Gottesdiensten weitersagen:

>»Der Herr segne und behüte dich.
Der Herr lasse leuchten sein Angesicht
über dir und sei dir gnädig.
Der Herr erhebe sein Angesicht auf dich
und gebe dir Frieden.«

Schließlich sendet Gott den Priester Samuel nach Bethlehem zu Isai, dessen jüngsten Sohn David zu salben und zu segnen, denn David soll König werden. Ihn und seine Nachfolger auf dem Thron, insbesondere Salomo, segnet Gott mit der Gabe der Weisheit.

Alles, was von Jesus erzählt wird, ist zugleich eine Geschichte davon, wie er die Menschen segnet: Er segnet die Kinder, indem er sie zärtlich auf den Arm nimmt. Er legt Kranken die Hand auf, um sie zu heilen und ihnen ihre Sünden zu vergeben. Er lädt die Ausgestoßenen und Verachteten an seinen Tisch und isst mit ihnen. Und eine solche Mahlzeit war immer zugleich ein Segensritual. An seinem Segen über Brot und Wein erkannten die Jünger in Emmaus später den Fremden, der mit ihnen gegangen war. Als Auferstandener segnet Jesus seine Jünger, indem er ihnen Heiligen Geist einhaucht. Und er segnet sie, bevor er zum Himmel auffährt. Das größte Beispiel für Segen sind die Seligpreisungen Jesu: Selig, glücklich, sagt er, sind die Trauernden, die Barmherzigen, die Sanftmütigen, oder die hungern und dürsten nach Gerechtigkeit.

Das sind Segensworte, die zugleich – ganz im Sinne des jüdischen Verständnisses von Segen – neue Maßstäbe in das Menschenleben bringen: Geheiligt und mit göttlicher Kraft begabt werden diejenigen, die ein reines Herz haben oder geistig arm sind und damit alles von Gott erwarten.

Diese unterscheidende Aufgabe des Segnens ist auch an der Vollmacht zu spüren, die von Jesus ausging: Er wehrt den bösen Geistern, die von Kranken Besitz ergriffen haben, er wehrt dem Sturm auf dem See, in dem die Jünger in ihrem Boot unterzugehen drohen. Ja, er greift in den Menschen selbst ein und wehrt den Kräften, die ihn schwächen, und segnet dafür die Kräfte, die ihm zum Leben helfen. So sagt er zu denen, die er geheilt hat: »Dein Glaube hat dir geholfen«, und stärkt dadurch ihr Selbstvertrauen.

Ankunft Gottes in der Welt bedeutet, dass diese Segenskraft im Kommen ist, dass sie hereinströmt in den, der sich ihr öffnet. Um diesen Segen zu empfangen, braucht man sich nur auf seinen Atem zu besinnen: Wir könnten nicht leben, ohne dass unsere Lungen ständig Luft einatmen und dadurch unser Herz und unser Blut ernährt wird. Doch wir atmen nicht nur das Gemisch aus Sauerstoff und Stickstoff ein, wir atmen auch alles ein, was die Atmosphäre der Erde durchdringt, zum Beispiel den Duft von Bäumen und Gräsern und Strahlungen aus dem Weltall. Im übertragenen Sinne ist das nicht anders. Eine einfache Gebetsübung empfiehlt: Beim Einatmen sagen wir »Christus«, beim Ausatmen »in mir«. Und wem es gegeben ist, sich beim Einatmen vorzustellen, dass über seinem Haupte nicht bloß Luft ist, sondern eine weiße Säule von Licht, die Christus heißt, der atmet

Licht, heilenden Segen. Auch diese Energie können wir bis zu einem gewissen Grad speichern, aber am kraftvollsten wirkt sie, wenn sie weitergegeben wird: Ein Gruß, ein freundliches Wort wirkt Segen, ein Wort des Dankes und der Anerkennung, ein Lob sendet Kraft von einem zum anderen und macht die Welt heller. Kurt Marti schreibt:

> »Einen Engel
> wünsche ich allen,
> die ohne Grund
> lächeln: aus
> Gottes Grazie
> allein.«

Grazie und Gnade stammen von demselben Wort ab und meinen etwas Schönes, das einfach so, ohne erkennbaren Grund, aufleuchtet. Es ist nicht so, dass wir nur ohnmächtig und hilflos dastünden. Mit jedem Händedruck, mit jedem freundlichen Lächeln üben wir Macht aus, geradezu segnende Macht.

Den Segen, den Gott der Schöpfung gab, wiederholt und bestätigt er dadurch, dass er seinen Sohn sendet, von dem es im Johannesevangelium heißt: »Alle Dinge sind durch ihn geworden, und ohne ihn ist auch nicht eines geworden, das geworden ist. In ihm war Leben, und das Leben war das Licht für die Menschen... Das wahre Licht, das jeden Menschen erleuchtet, kam in die Welt... Und das Licht scheint in die Finsternis, und die Finsternis hat es nicht verschlungen ...« (Johannes 1). Eine einzige Kerze kann ein Zimmer erhellen, und manchmal bedarf es nicht mehr als eines solchen kleinen Funkens Hoffnung. Dennoch wäre diese Kerzenflamme zu gering, wenn sie nicht ein Abglanz des Lichts wäre, dem sich die ganze Schöpfung verdankt.

Was das Kommen Jesu zu uns Menschen bedeutet, seine immerwährende Ankunft, wird erst ganz anschaulich, wenn auch die kosmische Dimension des Christus mit beachtet wird, die zu unserem Nachteil immer wieder ausgeblendet worden ist. Es ist dafür nur nötig, sich die Bedeutung des Lichts zu vergegenwärtigen. Seit Jahrtausenden schauen Menschen zum nächtlichen Sternenhimmel auf, sind fasziniert von seiner glitzernden Pracht, beobachten die Sternbilder, sinnen über die Geheimnisse dieser Welt nach. Die Forschungen des letzten Jahrhunderts haben uns mehr von diesen Geheimnissen enthüllt, als Menschen je zuvor gewusst haben. Wir wissen heute vom »Urknall«, aus dem unser Universum wohl hervorging. Wir wissen von 1000 Milliarden Galaxien mit je 1000 Milliarden Sternen, die durch das All rasen, und dass unser Sonnensystem zu einer dieser Galaxien gehört.

Wir wissen von der Lichtgeschwindigkeit, knapp 300 000 Kilometer pro Sekunde, als der höchstmöglichen Geschwindigkeit überhaupt, und von den Photonen, den eigentlichen Trägern des Lichts, die einmal als Welle, ein anderes Mal als Teilchen erscheinen. Wir wissen von der Gravitation und wie im Inneren der Sterne unter dem ungeheuren Druck der Schwerkraft aus Wasserstoffatomen Helium entsteht und dadurch Licht ausgestrahlt wird. Wir wissen, dass besonders große Sterne, um ein vielfaches größer als unsere Sonne, explodieren können, zur Supernova werden und dann alle Elemente, die in ihnen geschmiedet wurden, ins All verstreuen. Unser Sonnensystem, unsere Erde, wir selbst sind aus Atomen gebildet, die einer Supernova entstammen. Wir sind Kinder der Sterne.

Wenn wir unseren Fuß heben, unsere Hand, benutzen wir Organe, die in Jahrmillionen auf unserer Erde gebildet wurden, in unzähligen Versuchen des Lebens. Unsere Erde ist eine heilige Reliquie der Geschichte des Universums, das vor etwa 18 Milliarden Jahren ins Sein sprang. Unsere Organe sind ein kosmischer Gedächtnisspeicher der Entwicklung des Lebens. Wenn wir unsere Füße und Hände heben und bewegen, erinnern wir uns an alle unsere Vorfahren auf dieser Erde, auf der das Leben vor etwa 2 500 Millionen Jahren begann.

Unsere Gene, die DNS, enthalten alle Erinnerungen der Entwicklung des Lebens. Die DNS ist selbst ein biologischer Lichtspeicher und zugleich ein Sender von kohärentem Licht, ein biologischer Laserstrahl, dessen Biophotonen unsere Entwicklung, unser Leben steuern.

Die Sonne ernährt uns mit Licht, denn Licht, die Photonen, schaffen das, was wir Ordnung nennen, Kosmos, Leben. Wenn wir essen, nehmen wir Lebensinformationen auf, Informationen aus den Molekülketten, die Pflanzen aus Chlorophyll und Sonnenlicht gebildet haben. Diese Informationen erinnern unseren Körper an seine Kraft zu leben. Angelus Silesius sagt:

»Das Brot ernährt dich nicht,
was dich im Brote speist,
ist Gottes ewigs Licht,
ist Leben und ist Geist.«

Wenn wir stehen, gehorchen wir der Schwerkraft. Sie hält alles im Universum zusammen, sonst würde es auseinanderbrechen. Bis heute kann niemand die Schwerkraft erklären. In den Sternen bewirkt die Gravitation Kreativität, die Elemente geben verborgene Kräfte, Licht frei. Im menschlichen Leben entspricht die Gravitation dem, was wir Interesse nennen, Faszination, Liebe. Wir werden angezogen vom Sternenhimmel, wir werden angezogen von Schönheit, wir werden angezogen von einem anderen Menschen.

Aber da wirkt noch eine andere Kraft. Wir werden nicht nur angezogen, sondern auch verwandelt. Wenn wir zum Beispiel den Mond anschauen, werden wir selbst Mondlicht. Was wir lieben, verändert uns. Das, worüber wir staunen, verändert uns. Das, was wir hören, verändert uns. Unsere Seele ist wie das Wasser. Das Wasser – und nur auf der Erde gibt es, soweit wir wissen, Wasser und damit Leben – hat die besondere Eigenschaft, aufzulösen und aufzunehmen, zu absorbieren. Wasser, das einen Berg herabfließt, löst Mineralien aus dem Gestein und ist danach Mineralwasser. Wasser, das einen Berg herunterfließt, verändert seine elektrischen Eigenschaften, es wird Quellwasser, lebendiges Wasser. Unsere Gefühlswelt ist wie das Wasser. Wir können anderes auflösen und es uns anverwandeln. Angelus Silesius sagt:

>Das, was du liebst,
in das wirst du verwandelt werden.«

Was uns begegnet und fasziniert, versetzt uns in Schwingung, wir selbst schwingen mit nach der Musik, die wir hören. Wir staunen über die Wunder des Universums, und das Staunen ist der Anfang aller Weisheit. So geschieht es, dass das Leben für uns interessant, schön und lebenswert wird. Die Welt erscheint uns als verzaubert, weil wir selbst fähig sind, uns verzaubern zu lassen. Denn unsere Seele ist wie das Wasser.

Feuer ist der Ursprung der Welt. Sternfeuer erleuchten die Nacht. Feuer ist der Ursprung des Lichts der Sonne. Licht ist die Nahrung der Pflanzen. Unsere Augen nehmen Licht auf, unsere Haut nimmt Licht auf, unsere Zellen, insbesondere die DNS, speichern Licht und senden Informationen mit Lichtgeschwindigkeit durch unseren Körper. Licht, die Biophotonen, steuern unsere Entwicklungs- und Lebensprozesse.

Überall, wo die Bedingungen dafür gegeben sind, zündet die Flamme des Feuers auf, schöpferisch, sprühend, sengend und heilend. Die Flamme organisiert sich selbst, sie ist wie ein Wirbel, der sich selbst am Leben erhält. Sie ist selbstorganisierende Kraft. Das Leben selbst ist wie eine Flamme, Kraft, die von sich aus dazu drängt, sich zu zeigen, zu spielen und zu leuchten. Diese wirbelnde, sich selbst organisierende Energie ist treibende Kraft des Lebens, der Evolution.

Unser Ich, unser Bewusstsein gleicht einer solchen

Flamme, einem wirbelnden, sich selbst erhaltenden Tanz des Lebens. Flamme ist Spiel, ist Abenteuer und Überraschung, Wagnis des Unbekannten. Was wir Geist nennen, Bewusstsein, Lebenswille, ist ein Abglanz des Lichts, ein Feuer aus Gott. Kostbar ist dieses Leben, einmalig, Licht von Gottes Licht, Bewusstsein aus Gottes Bewusstsein, Geist aus seinem Geist.

Von diesem schöpferischen Licht also, dieser Flamme des Lebens, ist unser Ich ein Teil. Von diesem Feuer aus Gott ein Funke. Und worauf es ankommt, ist, sich dessen bewusst zu werden, es aufzunehmen, zu speichern, um sich immer neu mit Lebensenergie aufzuladen – und weiterzugeben, zu segnen.

Wer segnet, bleibt für alles offen, ist allem freundlich zugewandt, auch sich selbst. Wer segnet, leitet die Energie des Lebens, göttliche, kosmische Energie, durch sich selbst anderen zu – und wird so selbst geheilt.

Wer segnet, bleibt nicht ohnmächtig, sondern wird machtvoll – nicht aus eigener Kraft, sondern aus der Kraft, aus der die Welt in jedem Augenblick entsteht und lebt. Wer segnet, wandelt. Denn alles, was nicht im Einklang ist mit der Lebenskraft des Ursprungs, kann nicht so bleiben, wenn es gesegnet ist.

So wurde Jesus zum Heiler – er schloss den Kranken gleichsam an den Ursprungssegen an, der ihn ins Leben gerufen hat.

Wer segnet, verwirklicht »Feindesliebe«, denn er stellt den anderen in das Kraftfeld, das ihm Wandlung ermöglicht. Wer segnet, drängt nicht sein Ich und seinen Willen oder Unwillen in den Vordergrund, sondern gibt »Raum der Gnade Gottes« – bei sich selbst und anderen. Wer segnet, nimmt Heiligen Geist in Anspruch, nicht als eine persönliche Eigenschaft, sondern als verliehene Gabe und Weisheit, die nur durch Weitergeben spürbar wird. Nur so lange wir meinen, nicht segnen zu können, bleibt der Heilige Geist etwas Ungreifbares.

Das bekannte Adventslied »Macht hoch die Tür, die Tor

macht weit« ruft dazu auf, sich der segnenden Kraft des Christus zu öffnen, der mit all seinen Strahlen einziehen will. Und es endet mit dem Gebet: »Komm, o mein Heiland, Jesus Christ, meins Herzens Tür dir offen ist«. Die Tore und Türen des Herzens können weit und offen, aber auch fest verschlossen sein. Und dann hilft kein Schlüssel, Herzenstüren können nur von innen geöffnet werden.

Es soll aber vorkommen, dass der Herzinhaber selbst nicht mehr weiß, wie er öffnen kann. Darum soll hier einmal aufgezählt werden, was die Tore sein könnten, in die Licht und Kraft des Christus einziehen können:

1. Tor: Singen
Singen ist ein Herzöffner ersten Ranges. Wer singt, fühlt sich anschließend froh und frei.

2. Tor: Freude
Freude, insbesondere die Freude am eigenen Sein, macht großzügig. Wer sich freut, gönnt auch anderen Freude, möchte sie mit anderen teilen und ihnen Freude machen. Freude ist der Inspiration und der Hoffnung nahe verwandt. Freude ist der Grundrhythmus des Herzens selbst.

3. Tor: Liebe
Niemals öffnen wir uns so gern und freiwillig wie dann, wenn wir lieben. Da lassen wir den anderen gern in unser Herz ein. Niemals sind wir zugleich so offen auch für religiöse Gefühle wie dann, wenn wir lieben.

4. Tor: Schönheit
Schönheit, die Auge und Ohr erfreut, öffnet uns. Die Schönheit, die wir sehen, etwa ein Sonnenaufgang oder den Sternenhimmel, und gute Musik, die wir hören, öffnen unser Herz erst recht, machen uns weit und willig, aufzunehmen.

5. Tor: Träume

Träume öffnen unser Herz in der Nacht ohne unser Zutun. Wenn wir auf sie achten, auf die Nachtträume ebenso wie auf die Tagträume, auf unsere Fantasie und auf unsere Intuition, werden wir offen, zum Beispiel auch dafür, dass Engel uns begegnen.

6. Tor: Wünsche

Es ist ein Unterschied, ob wir klagen und resignieren oder ob wir unsere Wünschmacht stärken, das heißt, unsere Vorstellungskraft aktivieren und unseren Hoffnungen Gestalt geben. Und solche Wünsche gehen womöglich sogar in Erfüllung.

7. Tor: Mut

Mit dem Mut ist es ähnlich wie mit dem Wünschen: Hier müssen wir uns dazu entschließen, unser Herz aufzuschließen, um seine Tapferkeit und Kraft zu spüren.

8. Tor: Mitleiden

Nicht Mitleid meine ich, jene herablassende Haltung, die sich anderer annimmt, sondern ein Mitleiden mit allen, die auf dieser Welt leiden. Beim Mitleiden kann das Herz anfangen zu bluten, aber auch so ist es offen.

9. Tor: Trauer

Verdrängte Trauer, eine anscheinend tapfere Haltung gegenüber einem schmerzhaften Verlust, verhärtet und verschließt. Zugelassene Trauer dagegen öffnet das Herz und alle Sinne für die Kostbarkeit und Einmaligkeit des Lebens und Liebens. Nicht wenige haben durch Trauer zu ihrem eigentlichen Lebenssinn gefunden.

10. Tor: Humor

Humor ist nicht, wenn man trotzdem lacht, sondern wenn man über sich selbst lachen kann, über die Narreteien, die nun einmal zum Menschsein gehören, und über die Schmerzen und Umwege, die man für nötig gefunden hat. Humor ist mit Güte und Weisheit verwandt und öffnet das Herz für Heiterkeit.

11. Tor: Stille

In unserer lärmenden, hektischen Welt ist oft die einzig mögliche Verteidigung, sich zu verschließen, sich ein dickes Fell zuzulegen. Umso erholsamer ist es, immer wieder einmal die Stille aufzusuchen, damit man wieder atmen kann und auch das Herz frei wird.

12. Tor: Kreativität

Was bei Kindern spielen ist, heißt für Erwachsene Kreativität. Kreativität ist die Konzentration auf etwas, das uns wichtig ist und bei dem wir uns vergessen wie ein Kind beim Spielen. Gerade, wenn wir uns selbst vergessen, öffnet sich unser Herz, weil es selbst gern spielt.

Ankunft im gewandelten Leben

Passion und Ostern als Labyrinthweg

Die meisten Christen verstehen den Weg Jesu, insbesondere seine Passion, als ein historisches Geschehen. Seine Auferstehung, Himmelfahrt und Pfingsten aber lassen sich historisch nicht fassen. Die Theologie weiß auch längst, dass die Evangelien keine historischen Berichte im heutigen Sinne sind und daher auch anders verstanden werden müssen. Hier wird nun der Versuch unternommen, am Bild des Labyrinths das Ganze als einen inneren Weg zu beschreiben, als eine Hin- und eine Rückreise. Dabei werden anscheinend äußere Geschehnisse, wie die Evangelien sie schildern, zu Bildern für die Stationen einer dramatischen inneren Wandlung.

Christus und das Labyrinth – was haben sie miteinander zu schaffen? Zahlreiche Labyrinthe in französischen Kathedralen des Mittelalters zeigen in der Mitte den Kampf des griechischen Helden Theseus mit dem Minotaurus auf Kreta. Der Minotaurus galt im christlichen Mittelalter als Symbol des Todes, der Unterwelt, der von Christus wie vom Helden Theseus besiegt wurde, um seine Gefährten vor dem Tod zu bewahren.

Der Labyrinth-Weg führt von außen nach innen und von innen wieder nach außen. Dieser Weg für die Füße ist das eine, der innere Weg das andere. Ist innen das Geheimnis, etwas Heiliges, das es zu berühren gilt, ist es der Tod oder ein Ort außerhalb der Zeit? Und kehre ich nach der inneren Wende nach außen zurück – was hat sich verändert?

Unter den zahlreichen Deutungen des Labyrinths ist die, dass es eine Abbildung unseres Gehirns sei, sicher ebenso modern wie einleuchtend. Man braucht sich das

Labyrinth ja nicht als Fläche vorzustellen, sondern kann es sich auch konkav denken, das heißt, die Mitte liegt am tiefsten Punkt, oder sogar als Kugel, wobei die Mitte innen ist.

Die Hirnforschung ist eine noch junge Wissenschaft, aber sie zeigt, wie geheimnisvoll verschlungen die Erinnerungen, das Gedächtnis, die Assoziationen und Handlungsimpulse in unserem Gehirn und seinen verschiedenen Regionen angelegt sind.

Wer je versucht hat, in sich selbst einzutauchen, weiß, wie leicht man sich verlaufen kann. Im Vergleich dazu ist das Labyrinth, so komplex es scheint, ein geradezu durchsichtiges Symbol. Seit Menschengedenken versucht der Mensch, sich selbst, sein Bewusstsein zu ergründen, obwohl gerade dies wohl etwas ist, das ihm nicht zugänglich ist. Unsere europäische Kultur hält davon allerdings nicht sehr viel.

»Wir sind sozial darauf trainiert, die totale Versenkung in den äußeren Raum und die äußere Zeit für normal und gesund zu halten. Versenkung in den inneren Raum und die innere Zeit gilt als antisozialer Rückzug, als Abweichung, als krankhaft oder per se pathologisch und gewissermaßen diskreditierend.«

Vielleicht geht ein Suchender auf diesem Weg nach innen auch wirklich verloren.

»Nur sehr wenige von uns kennen das Gelände, auf dem er verlorenging, wissen, wie man ihn (den inneren Raum) erreichen kann und kennen den Weg zurück.«

Aber eine Ahnung bleibt: »Der Brunnen hat sein Spiel noch nicht beendet, die Flamme leuchtet noch, der Fluss fließt noch, die Quelle plätschert fort, das Licht ist nicht fahl geworden. Aber zwischen uns und dem allen ist ein Schleier von fünfzig Fuß festen Betons.«

Wer nun diese Betonschleier durchbrechen will, tut gut, sich daran zu erinnern, dass der griechische Held Theseus Hilfe bekam, den Faden der Ariadne. Als Faden der

Ariadne kann zweierlei dienen: das, was der englische Psychiater Ronald D. Laing die Hin- und Rückreise nennt, und das, was die Evangelien von Jesus, dem Christus, erzählen.

Laing schlägt für den aller Religion und Selbsterkundung entfremdeten Menschen von heute Orte vor, an denen der Einzelne unter Begleitung erfahrener Reiseführer eine Hin- und eine Rückreise wagen kann, und nennt die Stationen dieser Reise:

»1. von außen nach innen,
2. vom Leben in eine Art von Tod,
3. vom Vorgehen zum Zurückgehen,
4. von zeitlicher Bewegung zu zeitlichem Stillstand,
5. von irdischer Zeit in äonische Zeit,
6. vom Ego zum Selbst,
7. von außerhalb (postnatal) zurück in den Schoß aller Dinge (praenatal);

und danach eine Rückreise:

1. von innen nach außen,
2. vom Tod ins Leben,
3. von einer Rückwärtsbewegung wieder zu einer Vorwärtsbewegung,
4. von der Unsterblichkeit zurück zur Sterblichkeit,
5. von der Ewigkeit zurück zur Zeitlichkeit,
6. vom Selbst zu einem neuen Ego,
7. von kosmischer Fötalisierung zur existenziellen Wiedergeburt.«

Man kann diese Reise als den Weg ins Labyrinth hinein und als Weg aus ihm heraus verstehen. Und da das bei Laing sehr abstrakt klingt, illustriere ich ihn mit dem Weg Jesu. Die Hinreise ist die so genannte Passionszeit, die Rückreise die so genannte Freudenzeit, und an Pfingsten wäre der Ausgang aus dem Labyrinth mit der Frage, was denn nun neu und anders ist. Treten wir also ein in das Labyrinth.

1. von außen nach innen

Da kommt eine Frau zu Jesus und gießt kostbares Nardenöl auf sein Haupt (Mt 26,6 ff.). Der ganze Raum duftet, die Jünger murmeln empört: Was für eine Verschwendung! Jesus nimmt die Frau in Schutz: Scheltet sie nicht, sie hat etwas Schönes getan. Sie hat mich im Voraus zu meinem Begräbnis gesalbt.

Diese Szene ist die Eingangsgeschichte der Passion Jesu. Mit seiner überraschenden Deutung, es sei eine Salbung zu seinem Begräbnis, vollzieht Jesus eine Wendung, die ihn aus dieser Welt hinaus in den Tod führt, unterstrichen noch durch den Satz: »Arme habt ihr allezeit bei euch, mich aber habt ihr nicht allezeit.« Er löst sich von der äußeren Welt, wendet sich einer anderen Dimension zu.

2. vom Leben in eine Art von Tod

Spät in der Nacht nach dem letzten Abendmahl geht Jesus mit seinen Jüngern in den Garten Getsemani, einen Hain von Ölbäumen gegenüber von Jerusalem, und fordert sie auf, mit ihm zu wachen und zu beten (Mt 26,36 ff.). Aber sie schlafen ein, und er wacht allein im Gebet. Es ist ein intensives Beten. Die Evangelisten schreiben, ihm sei der Schweiß dabei heruntergelaufen. Dabei fallen die bekannten Worte: »Lass diesen Kelch an mir vorübergehen«, und dann die Zustimmung: »Aber nicht, wie ich will, sondern wie du willst.«

Wir wissen, dass Jesu Tod folgte. Psychologisch geht es um den Ich-Tod, das Loslassen all dessen, was bisher sein Wirken, seine persönliche Identität, seine Beziehungen ausgemacht hatte. Hervorgehoben wird dies durch die Erzählung, dass alle schlafen und er allein bleibt. (Das Durchwachen einer Nacht ist in vielen Märchen und ebenso in Initiationsriten eine entscheidende Probe für den Helden.)

3. vom Vorgehen zum Zurückgehen

Laing meint damit, dass die Zeit sozusagen ihre Richtung ändert. In der Passion können wir das an der Gefangennahme Jesu veranschaulichen. Er war ja schon öfter sowohl seinen Verehrern als auch seinen Häschern ausgewichen. Nun macht er es umgekehrt.

Als sie kommen, geht er ihnen entgegen, nicht ohne zu sagen, sie sollten die anderen, also seine Jünger, gehen lassen, und die fliehen auch. Er aber lässt sich fesseln und sagt: »Aber dies ist eure Stunde und die Macht der Finsternis« (Lk 22,53). Er lässt sich, ohne sich zu wehren, von der Finsternis gefangen nehmen, verschlingen. Es gibt keinen anderen Weg mehr.

4. von zeitlicher Bewegung zu zeitlichem Stillstand

Die Lebensuhr wird gleichsam angehalten. Das Zeitliche verliert seine Macht, eine andere Dimension, Ewiges übernimmt das Regiment. Vor dem Hohen Rat der Priester des Tempels schweigt Jesus zu allen Vorwürfen und Verleumdungen. Und als er einmal antwortet, kommt es schon wie aus einer anderen Dimension. Der Hohepriester redet Jesus an: »Ich beschwöre dich bei dem lebendigen Gott, dass du uns sagst, ob du der Christus, der Sohn Gottes, bist. Jesus antwortet ihm: »Du hast es gesagt. Von jetzt an werdet ihr den Sohn des Menschen sitzen sehen zur Rechten der Macht und kommen mit den Wolken des Himmels«(Mt 26,63ff.). Die Zeit steht still.

5. von irdischer Zeit in äonische Zeit

Die Passionsgeschichte ist voller Streit, Intrigen, Lärm und Gewalt. Es ist, wenn man sie meditiert, nicht einfach, durch diesen allzu irdischen Lärm hindurch den sehr stillen, duldenden Jesus wahrzunehmen. Nach dem Prozess vor dem Hohen Rat der Priester wird er dem römischen Prokurator Pilatus vorgeführt, von Legionären gegeißelt und verspottet. Auch gegenüber Pilatus schweigt er meistens. Der Evangelist Johannes aber überliefert ein Wort:

Auf die Frage des Pilatus: »Was hast du getan?«, sagt er: »Mein Reich ist nicht von dieser Welt. Wäre mein Reich von dieser Welt, so würden meine Diener kämpfen, damit ich den Juden nicht überliefert werde, nun aber ist mein Reich nicht von hier« (Joh 18,35 ff.).

Es ist, als wäre Jesus aus der normalen, irdischen Zeit mit ihren Spielen von Macht, Erpressung, Gewalt und Intrigen bereits entrückt, als gehe ihn das alles nichts mehr an, als weile er schon woanders. »Äonische Zeit«, sagt Laing, also eine Dimension, in der Raum und Zeit nicht mehr gelten.

6. vom Ego zum Selbst

Das Selbst ist nach C. G. Jung der größere Mensch in uns, das Ebenbild Gottes. Es existiert sozusagen außerzeitlich, außerräumlich, ewig, schon vor unserer Geburt und wird auch danach sein. Das Ich ist jener Spieler in Raum und Zeit, mit dem wir uns normalerweise identifizieren, verbunden mit unserem Körper. Es kann zum irdischen Organ des Selbst werden, an dem sein Glanz aufscheint, meistens aber weiß unser Ich davon nichts, sondern fürchtet jenes andere wie den Tod. Auf dem Weg nach innen aber muss diese Schwelle überschritten werden.

In der Passionsgeschichte kann das an den Worten Jesu am Kreuz verdeutlicht werden. Lukas berichtet, er habe bei seiner Kreuzigung gesagt: »Vater, vergib ihnen, denn sie wissen nicht, was sie tun« (Lk 24,34), und später, kurz vor seinem Tod: »Vater, in deine Hände befehle ich meinen Geist« (Lk 24,46). Johannes berichtet von einem letzten Wort vor seinem Tod: »Es ist vollbracht« (Joh 19,30).

Aus diesen Worten spricht eine Loslösung vom Ich und vom körperlichen Sein, hin zu dem, was wir Außenstehenden als Tod und Verlorengehen begreifen, was aber auch als ein Sich-Anvertrauen an und ein Hinübergehen in eine andere Seinsweise gedeutet werden kann.

Kann denn danach überhaupt noch etwas kommen?

Laing nennt noch eine siebente und letzte Station der Hinreise:

7. von außerhalb (postnatal) zurück in den Schoß aller Dinge (praenatal)

Das Ich verlischt im Selbst, das, was wir Leben nennen, verschwindet. Aber da ist dann doch noch etwas, der »Schoß aller Dinge«, der schon vor unserer Geburt da war. Für uns, die wir außerhalb des »Betonschleiers« stehen, unfasslich. Das Bild vom Labyrinth aber enthält es, jenes Zentrum, zu dem der Weg ins Labyrinth hinführt, den Nullpunkt aller Wege.

Die Evangelien erzählen von der Grablegung Jesu. Er wird von Freunden vom Kreuz genommen, in Tücher gehüllt und in eine Felshöhle gelegt. Ist das Grab der »Schoß aller Dinge«? Nach unserer gängigen Meinung natürlich nicht, es ist Ort der Verwesung. In der Erzählung des Lukas steht dabei ein erstaunlicher Satz: »Und der Sabbat leuchtete auf« (Lk 23,54). Der Sabbat beginnt abends, mit dem Sonnenuntergang. Was leuchtete da auf? In der Bibel steht dazu als Erklärung: »Am Sabbatabend werden Kerzen angezündet.« So ganz leuchtet mir diese Erklärung nicht ein. Wer im Orient den Himmel beobachten kann, erlebt das meist anders als in unseren Breiten. Es gibt beispielsweise keine lange Dämmerung wie hier, und vor allem: die Sterne scheinen viel näher, viel glühender, als wir es hier kennen. Wenn Lukas schreibt, dass der Sabbat aufleuchtete, denke ich eher an den Sternenhimmel und natürlich auch an den Mond, der kurz nach der Schwärze des Sonnenuntergangs aufleuchtet. Es war ja um das Passahfest, also am Frühlingsvollmond, als Jesus starb. Wenn Lukas also zur Grablegung hinzufügt: »und der Sabbat leuchtete auf«, scheint mir das mehr als eine Angabe der Tageszeit. Da ist über dem Grab ein kosmisches Leuchten, der Himmel als Schoß aller Dinge.

Das Zentrum des Labyrinths ist zugleich Wendepunkt, der Nullpunkt der Umkehr vom Tod zurück ins Leben. C.G. Jung spricht von der Enantiodromie, also davon, dass irgendwo, an diesem tiefsten Punkt, der Weg sich wendet und in die entgegengesetzte Richtung führt.

Für Tänzerinnen und Tänzer im Labyrinth ist das eine leichte Übung. Aber auch hier wollen wir dem Ariadnefaden von Laing und den Evangelien folgen. Da steht in den Evangelien der unglaubliche Bericht, dass das Grab leer war. Was wurde und wird darüber gerätselt und gespottet! Erst am Bild des Labyrinths und seiner Betrachtung, wie ich sie bisher versucht habe, wird sinnfällig, wie stimmig die Rede vom leeren Grab ist. Wer sich auf den Weg der Meditation begibt, also eine Hinreise im beschriebenen Sinn antritt, begegnet schließlich, so der übereinstimmende Bericht erfahrener Reisender, der Leere. Da ist keine Zeit und kein Ort, kein Hier und kein Dort, kein Vorher und Nachher, kein Ich und Du, kein Sein und Nichtsein, nicht einmal ich hier und Gott da. Alle Gegensätze, alles, was man unterscheiden könnte, sind aufgehoben, ausgelöscht, wie Lichtstrahlen, die sich in einem Interferenzmuster gegenseitig aufheben. Diese schweigende Leere aber ist der Schoß aller Dinge. Das bestätigt die heutige Astrophysik. Mit dem anstößigen Bild vom leeren Grab haben die Evangelien eine Wahrheit übermittelt, die sich allerdings erst dem erschließt, der den Weg nach innen gegangen ist.

Nun also die Rückreise:

1. von innen nach außen

Da ist Maria Magdalena, da sind die anderen Frauen um Jesus. Sie kommen, als der erste Tag der neuen Woche nach dem Sabbat aufleuchtete (Mt 28,1 ff.) oder früh, als es noch dunkel war (Joh 20,1 und 11 ff.), zum Grab, um den Leichnam zu salben. Aber sie finden den Stein weggewälzt und das Grab leer. Die trauernden Frauen sind ganz auf einen Leichnam, ein Grab, auf Tod und Ende eingestellt. Aber sie werden von Engeln erschreckt, von Lichterscheinungen und von Stimmen, die sie zur Umkehr auffordern. Maria Magdalena hört sich vom Auferstandenen selbst beim Namen gerufen und ausgesandt, den anderen zu sagen, dass er lebt.

Es gilt zu realisieren, dass nicht Jesus von Nazareth hier die Rückreise antritt, sondern eine Energie, die von nun an in einer anderen Art wirkt, nämlich durch das Ich seiner Jüngerinnen und Jünger hindurch. Nicht er, der Gestorbene, kehrt an die Außengrenze des Labyrinths zurück, sondern er ist gleichsam verschmolzen mit dem Zentrum, dem Schoß aller Dinge, und entfaltet von daher eine strahlende, bewegende Energie. Er sendet die, die ihn trauernd bis an die Schwelle des Todes begleitet haben, zurück ins Leben, in die Rückreise zum zeitlichen Dasein auf dieser Erde.

2. vom Tod ins Leben

Illustrationen dafür sind die Ostergeschichten, in denen der Auferstandene den Jüngern begegnet, mit ihnen spricht, sie erstaunt, erschreckt und segnet und doch immer wieder unsichtbar wird wie ein Engel, der eben noch da war.

Zum Beispiel bei den Jüngern auf dem Weg nach Emmaus. Sie haben nicht geglaubt, was die Frauen sagten, halten Jesus und was er lebte und lehrte für verloren und gehen fort aus Jerusalem. Unterwegs fragt ein Unbekannter sie nach ihrem Kummer, und sie erzählen es ihm, diskutieren mit ihm, bis sie ihn abends bitten, bei ihnen zu übernachten. Als sie am Tisch sitzen, nimmt der Gast das Brot, spricht das Dankgebet, teilt es und gibt es ihnen. So, wie Jesus es unzählige Male getan hatte. Da erkennen sie ihn, und im gleichen Augenblick sehen sie ihn nicht mehr. Sie kehren noch in der Nacht zurück nach Jerusalem. Rückreise vom Tod ins Leben.

3. von einer Rückwärtsbewegung wieder zu einer Vorwärtsbewegung

Andere Jünger, allen voran Simon Petrus, waren aus Jerusalem nach Galiläa zurückgegangen, von wo sie, die Fischer, aufgebrochen waren, um Jesus nachzufolgen. Nun war der Traum aus, es galt, wieder in den Alltag zurückzukehren. Und um die Tristesse dieser Rückkehr noch zu unterstreichen, berichtet der Evangelist, dass sie bei Nacht ausfuhren, wie es üblich war, aber nichts fingen (Joh 21,1 ff.). Müde und hungrig steuerten sie im Morgengrauen das Ufer an. Da, am Ufer, stand jemand, rief ihnen zu: Fahrt noch einmal aus, werft das Netz nach Steuerbord aus. Und als sie gehorchten, wurde ihr Netz so voll, dass sie es kaum ins Boot ziehen konnten. Und als sie wieder zum Ufer kamen, hatte der Fremde schon Feuer angemacht, röstete Fisch und Brot darauf, lud sie zum Essen ein. Petrus erkannte von weitem, dass es Jesus war, sprang aus dem Boot, um ihn schwimmend schneller zu erreichen und bekam den Auftrag: »Weide meine Lämmer.« Also nichts mit der Rückkehr zum alten Leben, sondern ein Aufbruch in ein ganz neues, in das eines Apostels.

4. von der Unsterblichkeit zurück zur Sterblichkeit

Es ist eine Frage des Standpunkts, ob man die Rückreise ins diesseitige Leben, sozusagen an die Oberfläche des Seins, begrüßt oder nicht. Es geht dabei um das, was man Inkarnation nennt, den Verzicht auf göttliches Leben zugunsten eines menschlichen Lebens in Fleisch und Blut – mit allen Begleiterscheinungen, die das eben auch hat. Am sinnfälligsten wird diese bewusste Hinwendung zum irdischen Dasein in der Verklärungsgeschichte. Sie wurde schon manchmal als eine nachösterliche Erzählung verstanden, auf jeden Fall erzählt sie von einer entscheidenden Erkenntnis der Jünger.

Jesus hatte einige von ihnen mit auf einen Berg genommen, und als sie oben waren, verwandelte er sich vor ihren Augen in eine leuchtende Gestalt, neben ihm erschienen zwei andere Männer im Lichtglanz, die sie als Mose und Elia verstanden. Petrus meinte diensteifrig: »Meister, es ist gut, dass wir hier sind, wir wollen drei Hütten bauen, dir eine und Mose eine und Elia eine.« Da kam eine Wolke und hüllte alle ein, eine gewaltige Stimme erscholl aus der Wolke, und als sie vorübergezogen war, sahen sie nur noch Jesus allein. Jesus sprach seither gegenüber seinen Jüngern davon, dass er leiden und sterben müsse, um seine Mission zu erfüllen. Und die Jünger fürchteten sich, ihn danach zu fragen (Mk 9,2 ff.).

Statt auf dem Berg und im Lichtreich zu verweilen und dort Hütten zu bauen, galt es, hinabzusteigen in die Niederung zu den Kranken und Leidenden, um schließlich selbst den Tod zu finden. Rückkehr ins Leben heißt auch Rückkehr in die Begrenztheit des Erkennens, in die Enge des Raumes, der Zeit und des Leibes, schließlich in die Sterblichkeit.

5. von der Ewigkeit zurück zur Zeitlichkeit

Eine ähnliche Botschaft findet sich in der Erzählung von der Himmelfahrt Jesu. Der Auferstandene hatte seine Jünger zu einem einsamen Treffpunkt oben auf einen Berg beschieden, wo er ihnen in seiner verklärten Gestalt erschien, zu ihnen sprach und sie segnete. Während er noch redete, kam eine lichte Wolke und hüllte ihn ein, er entschwand ihren Blicken. Da standen sie und schauten zum Himmel. Auf einmal sprachen sie aber zwei Männer in weißen Kleidern an: »Was steht ihr und seht zum Himmel?« (Apg 1,11)

Erneut wird ihnen eine Umkehr und Rückkehr in den Alltag nahegelegt, wo sie den Auftrag erfüllen sollen, den der Auferstanden ihnen gegeben hat. Es ist, als würden sie bei den Schultern gepackt, umgewendet und auf den Weg in die Niederungen des irdischen Lebens gesandt.

6. vom Selbst zu einem neuen Ego

Rückreise kann aber nicht bedeuten, wieder in seine alte Haut zu schlüpfen. Das macht das Gespräch des Auferstandenen mit Petrus besonders anschaulich, mit dem Jünger, der in der Nacht, als Jesus verhaftet worden war, dreimal geleugnet hatte, ihn zu kennen und etwas mit ihm zu tun zu haben. Nun wird er von ihm dreimal gefragt:

»Simon, Sohn des Johannes, hast du mich lieb?« »Ja, Herr, du weißt, dass ich dich lieb habe.« »Weide meine Lämmer.« »Simon, Sohn des Johannes, hast du mich lieb?« »Herr, du weißt, dass ich dich lieb habe.« »Hüte meine Schafe.« »Simon, Sohn des Johannes, hast du mich lieb?« Petrus wurde betrübt, dass er zum dritten Mal gefragt wurde. »Herr, du weißt alles, du siehst, dass ich dich lieb habe.« »Weide meine Schafe.«

Vom Selbst zu einem neuen Ego. Die Frage nach dem Lieben ist hier die Frage danach, ob das Ich die Ich-Selbst-Achse aufrechterhalten wird, also die innere Verbindung zum Auferstandenen, ob es, mit anderen Worten, Rebe am Weinstock Christus bleiben wird, ob es sagen kann, wie Paulus es ausdrückt: »So lebe nun nicht mehr ich, sondern Christus lebt in mir.« In der Konsequenz kann das Ich, kann Simon Petrus nicht mehr tun, was er will. Der Auferstandene sagt ihm voraus: »Als du jünger warst, bist du gegangen, wohin du wolltest, wenn du aber alt geworden bist, musst du die Hände ausstrecken und dich führen lassen, wohin du nicht willst« (Joh 20,18).

7. von kosmischer Fötalisierung zur existenziellen Wiedergeburt

So ist die siebente und letzte Station der Rückreise nach Laing. Übersetzt heißt das, dass man nach der Hinreise in den Schoß aller Dinge, wo man wieder wie ein Ungeborenes wurde, auf der Rückreise nun wieder zu einer

Existenz im Irdischen hingeführt wird, allerdings gewandelt, eben wiedergeboren.

Wir haben bei der Rückreise bisher gesehen, dass Jesus nicht selbst zurückkehrte, seine Hinreise in den Tod blieb unwiderruflich. Er erschien seinen Jüngern danach in anderer Gestalt, ausgestattet mit großer Leuchtkraft und Autorität, und sie machte er nun zu seinen Gesandten, gleichsam zu seinen handelnden Organen in Zeit und Raum. Diese Wandlung hat sich im Labyrinth vollzogen, dem wir am »Ariadnefaden« von Laings Hin- und Rückreisestationen und ihrer Veranschaulichung durch Beispiele aus den Evangelien gefolgt sind.

Die Frage ist, ob wir diese Wandlung anerkennen können, ob wir die Wirkung, die von dem Glauben an die Auferstehung Jesu ausgeht, als die geistige Energie wahrzunehmen vermögen, die von ihm ausgeht.

Die Pfingsterzählung (Apg 2,11 ff.) macht in ihren Bildern anschaulich, wie aus dem Schoß aller Dinge, mit dem Jesus verschmolzen ist, Kraft und Wirkung ausgeht – als ein Wind und Brausen vom Himmel, als Feuerflammen, die seine Jünger in Begeisterung versetzen, als eine neue Sprache, die alle verstehen – und nicht zuletzt als ein Erschrecken und Staunen der Umstehenden, aber auch als Spott und Verunglimpfung: »Sie sind voll süßen Weines«.

Historisch ist unbestritten, dass es keine Erklärung dafür gibt, wie aus den einfachen Männern und Frauen aus Galiläa, die Jesus nachfolgten und von denen die meisten flohen, als er verhaftet und gekreuzigt wurde, eine Bewegung ausging, die schließlich das ganze römische Reich erfasste und darüber hinaus weit nach Asien hineinwirkte. Das historisch Fassbare ist damit schon gesagt. Welche Energie das aber bewirkte, bleibt in einer objektivierenden Sprache unausdrückbar.

Kehren wir nun zum Labyrinth und zu Pfingsten zurück: »Ankunft im gewandelten Leben«. Über die Ankunft am Ausgang des Labyrinths entscheidet die Intensität, mit der es betreten wird. Der Eingang kann leicht sein, spielerisch, und er kann radikal sein, alles Bisherige in Frage stellen. Der Eingang kann auch unfreiwillig sein. Ich denke an Menschen, die – etwa durch eine Krankheit – jahrelang auf labyrinthischen Wegen herumirren und immer noch keinen Endpunkt finden, keine Antwort bekommen, keine Wandlung erfahren. Das Labyrinth ist kein Zauberweg, der zwangsläufig zu einer wundersamen Wandlung führt. Es ist ein Modell.

Kein Außenstehender kann ermessen, was dem Einzelnen während seiner Hin- und Rückreise widerfährt, welche Botschaften ihn erreichen und welche dunklen und lichten Gestalten ihm begegnen. Nur Bilder, Vergleiche können es umschreiben, und sie erscheinen dem Außenstehenden als so verrückt wie die eigenen Träume. Solche Ver-rücktheit aber ist es, die Ronald D. Laing die wahre Gesundheit nennt. Denn was wir für das Normale halten, ist nur unsere Anpassung an eine krankmachende Welt, die uns von uns selbst entfremdet und um deretwillen wir die kindliche Ekstase, die Beheimatung im Paradies, aufgegeben haben. Jenes Paradies aber, die Zone der äußersten Stille, ist unser Ursprung, aus ihr kommt der schöpferische Atem, aus dem wir leben. Laing meint: »Wir vergessen, dass wir alle dort sind.«

Wie viel Himmel braucht der Mensch?

Zwischen Schöpfung und Himmelreich

Es ist gar nicht so lange her, noch zu Zeiten unserer Groß-
eltern und Urgroßeltern, da lehrte man kleine Kinder das
Gebet »Lieber Gott, mach mich fromm, dass ich in den
Himmel komm.« Für »die Frommen« war klar: »Himmel«, das ist jenes paradiesische Lichtreich Gottes, in das
die Frommen nach ihrem Tod aufgenommen werden.
Abgesehen von der sehr anfechtbaren Theologie, die in
diesem Kindergebet zum Ausdruck kommt – als müsse
und könne der Mensch etwas dafür tun, dass er zu Gott
kommt –, ist heute nicht mehr einfach klar, was mit
»Himmel« gemeint ist.

Wer vom Himmel redet, muss erst einmal genauer beschreiben, was er meint: ob den gestirnten Himmel über
der Erde, ob den Himmel als Geschöpf oder als Wohnung Gottes. Und er wird Auskunft darüber geben müssen, ob er denn allen Ernstes an einen Himmel Gottes
glaubt und wo er ihn sich denkt. Denn inzwischen haben
Astronomie und Weltraumforschung uns Informationen
über den Himmel eröffnet, wie frühere Generationen sie
nicht kannten. Die Rede vom »Vater überm Sternenzelt«
kann auf keine Weise mehr als eine Ortsangabe verstanden werden.

Wer das auf sich wirken lässt, was die Weltraumforschung uns über ihre Theorien vom Urknall mitteilt, von
der Geburt der Galaxien, von denen man heute etwa 100
Milliarden schätzt, von schwarzen Löchern und der nach
wie vor unbekannten »schwarzen Materie« im Weltraum,
dem wird schwindelig. Und ihm wird unheimlich, wenn
er erfährt, dass alles menschliche Forschen und Finden

nur immer neue Rätsel aufgibt, bis hin zu der Möglichkeit, dass unser so entstandenes Weltbild nur eine Konstruktion des menschlichen Gehirns sein könnte. So ist zum Beispiel nach wie vor nicht geklärt, ob das Universum sich immer weiter ausdehnt oder ob es eines fernen Tages in sich zusammenstürzt.

Unsere Vorfahren hatten es da leichter und schwerer zugleich. Leichter, weil der Himmel für sie viel überschaubarer war, er bestand im Wesentlichen aus einem Gewölbe über der Erde; schwerer, weil sie sich nicht darauf verlassen konnten, dass Sonne und Mond wiederkehrten, wenn sie untergegangen waren.

Neben der naturwissenschaftlichen gab und gibt es aber immer auch eine symbolische Sprache. Und alle religiösen Aussagen über den Himmel sind zugleich Aussagen über den Menschen. Was die Rede vom Himmel über den Menschen, sein Selbstverständnis und seine Zukunftshoffnung aussagt, darum soll es hier gehen. Dabei muss dann auch klar werden, was mit der Hölle gemeint ist und was mit dem Reich der Himmel, dessen Kommen Jesus angekündigt hat. Alle diese mythischen Aussagen sind im Grunde Deutungen des menschlichen Seins und Werdens.

Die naturwissenschaftliche Sicht auf den Himmel, auf die Abläufe in unserem Sonnensystem etwa, rückt zwischen unsere Wahrnehmung immer auch einen Denkvorgang. Wir staunen gar nicht ausreichend genug darüber, dass sich über die kompakte Erde, auf der wir leben, ein Himmel wölbt, der uns täglich mit seinem Spiel von Farben und Lichtern überrascht, unerreichbar, immer weit voraus, der Horizont immer gleich weit entfernt, wohin immer wir uns wenden. Es ist ja nicht so, dass uns das nicht beträfe. Über das Wetter redet jeder, und, vereinfacht ausgedrückt, ist das Wetter ein Werk des Himmels, und wir sind sehr abhängig davon.

Wenn wir das ernst nehmen, ist der Himmel über uns eine tägliche Aufforderung, unser Haupt zu erheben, über unseren Alltag hinauszudenken, das Unendliche in uns einzulassen: das »heilig-öffentliche Geheimnis«, von dem Goethe sprach. Mehr ist nicht erforderlich, um unser Sein als ein Wunder zu erkennen: Wir stehen und gehen auf einer Erde, geborgen in der Atmosphäre, die uns vom All trennt, und dennoch emporgerissen zu einer Höhe über uns, die uns immer voraus ist, weit über unsere Geschichte und Gegenwart hinaus in ein Abenteuer des Lebens auf dieser Erde, des menschlichen Bewusstseins auf ihr, das ja nicht am Ende steht, nicht schon dem Untergang geweiht ist oder der Selbstausrottung der Menschheit entgegentaumelt, sondern von Biologen eher als eine Kinderstube aufgefasst wird, als etwas Kindliches, Anfängliches, Unfertiges. Man muss gar nicht religiös sein, um beim Aufschauen zum Himmel ins Staunen zu geraten:

Schau dich an. Deine Fußsohlen berühren die Erde. Nur deine Füße. Alles andere an dir braucht Luft um sich. Deine Augen können zur Erde blicken, aber ebenso zum Himmel und zum Horizont. Dein größtes inneres Organ ist die Lunge. Sie steht in ständigem Austausch mit dem, was wir Himmel nennen. Eigentlich ist es die Atmosphäre.

Astronauten erzählen, dass die Lufthülle um die Erde vom Weltraum aus nur wie eine feine, dünne Haut aussieht, doch ohne sie könnten wir nicht leben. Ist sie Teil der Erde – oder ist sie »Himmel«? Da fangen schon die Definitionsprobleme an.

Durch die Lufthülle dringen kosmische Strahlungen aus dem Weltraum auf die Erde und durch uns hindurch, und wer weiß, wie wichtig sie sind. Jedenfalls die Sonnenstrahlen. Kein Leben auf der Erde ohne die Sonne und ohne den Mond.

Vom ›gestirnten Himmel über mir und dem moralischen Gesetz in mir‹ sprach Immanuel Kant. Was wäre der Mensch ohne den funkelnden Sternenhimmel, der Staunen weckt, Ehrfurcht, Götterverehrung, Traum und Fantasie, Wissensdrang und Forschergeist?

Gewiss, der Mensch ist ein Erdenkind, durch und durch abhängig von seinem Heimatplaneten, und das mehr, als man vor Jahrhunderten wusste und glaubte. Seine Zellen, seine Organe, seine Sinne, sein Gehirn und seine Lebensdauer sind hervorgebracht von den Bedingungen der Erde und an sie angepasst. Er ist Teil des Lebensgeflechts auf diesem Planeten, vom Einzeller bis zu seinem Gehirn. Und doch ist auch die Erde selbst ein Kind des Universums, entstanden, auf ihrer Bahn gehalten und mit Energie versorgt durch die Gesetze des Himmels. Aber dass nun der Mensch auf dieser Erde lebt, zum Himmel schaut und über sich selbst nachdenkt, das ist erstaunlich.

Doch was rede ich da? Ist nicht von einem ganz anderen Himmel zu sprechen, von dem der Religion, jenem Ort, wo Gott thront und seine Engel ihn umschweben? Von dem Himmel, in den die Gestorbenen eingehen? Ist nicht mit der Bibel von dem unendlichen Abstand zwischen Mensch und Gott zu reden, zwischen dem Irdischen und dem Himmlischen? Der Prediger zum Beispiel mahnt zu Bescheidenheit: »Gott ist im Himmel, und du bist auf Erden, darum mache nicht viele Worte« (Prediger 5,1).

Dennoch ist ein Umweg über die Worte nötig, um sie und die Vorstellungen, die sich mit ihnen verbinden, zu klären. Die Bibel kennt drei Grundaussagen über den Himmel:

Erstens eine zur Schöpfung: Gott hat den Himmel geschaffen, ebenso wie die Erde. Wie die Geschöpfe der Erde erzählen auch die Himmel von seiner Ehre.

Und am Ende der Tage wird auch der Himmel vergehen, und Gott wird einen neuen Himmel und eine neue Erde schaffen.

Zweitens eine zur Wohnung Gottes: Er thront mit seinem ganzen himmlischen Heer über den Wolken, auch wenn »der Himmel und aller Himmel Himmel ihn nicht fassen«

(1 Kön 8,27). Er schaut vom Himmel herab auf die Menschenkinder, und so hoch der Himmel über der Erde ist, so hoch ist seine Gnade, so viel höher sind seine Gedanken als die der Menschen. Und er kann den Himmel zerreißen, ihn neigen und mit den Wolken herabfahren. Jesus ist zum Himmel aufgefahren und thront neben Gott.

Drittens eine Aussage, die weniger räumlich als zeitlich ist und eine andere Seinsqualität beschreibt: das »Reich der Himmel«, von dem Jesus redet, eine neue, eine andere Welt, in der Gott und Mensch nicht mehr getrennt sind. Dieses Himmelreich wird traditionell ans Ende aller Tage verlegt und als neue Schöpfung verstanden. Dieses Himmelreich verspricht Jesus allen, die an ihn glauben. Und es ist abzuheben von der Hölle als Ort und Zeit einer ewigen Scheidung zwischen Guten und Bösen.

Diese drei Grundaussagen haben je eine verschiedene Relevanz. Die Schöpfungsaussage hat eine aufklärerische Tendenz. Sie entgöttert den Himmel, der von vielen Religionen der Umwelt Israels nicht nur als Wohnung der Götter, sondern selbst als göttlich verehrt wurde. Sonne, Mond und Sterne und das ganze Himmelsgewölbe wurden als je eigene Götter gefürchtet und angebetet. Den ganzen Himmel als Geschöpf zu bezeichnen, das aus der Hand Gottes kommt und auch wieder zusammengerollt werden kann, war seinerzeit eine ungeheuerliche Aussage. Dabei ist auch zu bedenken, dass das damalige Weltbild sich die Erde als eine Scheibe vorstellte, über der der Himmel wie eine Glasglocke ruht. Auch wenn sich das Weltbild heute grundlegend geändert hat und die Erzählung, die Schöpfung sei in sieben Tagen entstanden, eher einen poetischen als einen naturwissenschaftlichen Sinn hat, ist die Aussage, dass das ganze Universum aus einem einzigen heiligen Wort und Willen hervorgegangen und nicht als Tummelplatz widerstreitender Mächte zu fürchten ist, nach wie vor sinnvoll.

Die zweite Aussage vom Himmel als die Wohnung

Gottes scheint der vom Himmel als einem Geschöpf zu widersprechen. Sie hat aber eine andere Tendenz. Sie hebt den Abstand zwischen Gott und der Menschenwelt hervor und ist nicht bloß räumlich zu verstehen. So kann der Psalmbeter über Gott auch sagen: »Und doch bist du der Heilige, der thront über den Lobgesängen Israels« (Ps 22,4). In jedem Fall spiegelt sie eine Grundbefindlichkeit des Menschen, der sich gegenüber dem weiten Himmel und seinem Leuchten als klein und endlich vorkommt und, wenn er sich dem Größeren öffnet, Augen und Hände zum Himmel erhebt.

Die Aussage vom Wohnen Gottes über den Wolken ist eher eine über den Menschen und seine Frömmigkeit als eine räumliche Auskunft. Bilder des Glaubens enthalten naturgemäß immer etwas Naives, Kindliches. Spätestens als der Sputnik in eine Umlaufbahn um die Erde geschossen worden war, spotteten denn auch viele, über den Wolken sei kein Gott zu finden. Gott und mit ihm der Teufel wurden sozusagen wohnungslos. Das dreistöckige Weltbild – Gott oben, dazwischen die Menschenwelt und unten der Teufel – konnte der naturwissenschaftlichen Sicht auf die Welt nicht standhalten. Für viele war das ein Schock. Ein solcher Schock kann aber heilsam sein, um sich von einer Vermischung der Ebenen einer Aussage zu verabschieden.

Denn da das dreistöckige Weltbild etwas über den Menschen und seine innere Sinnrichtung aussagt – oben das Geistige, Freie, Heilige, unten das allzu Gebundene, dem Schicksal Unterworfene –, ist in diesem Zusammenhang das Menschenbild zu diskutieren und weniger die Wohnungslosigkeit Gottes und des Teufels. Sie »wohnen« nach wie vor im Menschen, und es wäre naiv zu meinen, mit der Entgötterung und Entdämonisierung der äußeren Welt sei die Frage, wer der Mensch sei und was alles in ihm wohnt, erledigt. Vielmehr zeigt sich, dass der Mensch seine innere Befindlichkeit in äußeren Bildern spiegelt. Nicht von ungefähr haben Dichter und Denker gerade des

20. Jahrhunderts festgestellt, dass die Hölle auf Erden ist, angerichtet von Menschen für Menschen mitten in der blutigen und perfiden Geschichte. Man braucht gar keine höllische Unterwelt mehr. Die bange Frage ist eher, ob sich denn auch etwas Himmlisches, Heiliges und Heiles innerhalb der menschlichen Geschichte zeigt.

Die Tiefenpsychologie des 20. Jahrhunderts jedenfalls findet alles im Menschen selbst, er bereitet sich seine Hölle und seinen Himmel, und beide Sinnrichtungen wirken auch bei denen, die sich mit ihrem Verstand ganz im Diesseits eingerichtet haben, frei von religiösen Vorstellungen. Leider sind bei vielen höllische Ängste vorherrschend, und was die Menschheit der Gegenwart hervorbringt, nährt die Angst vor Untergang und Verderben. Der Glaube an einen lieben Gott im Himmel, der seine Kinder väterlich behütet, der alles weiß und alle liebt, ist dahin. Es hilft auch wenig, ihn über den Wolken zu suchen.

Dennoch wäre der Mensch unzureichend beschrieben, wollte er sich selbst nur noch als ein Opfer der allgegenwärtigen Hölle verstehen. Die Bilder der Bibel erlauben und laden dazu ein, selbst zu erfahren, wie sich einem »der Himmel auftut«, wie Engel kommen und Freude, Gnade und Segen einen erfüllen.

Nun zur dritten Himmelsaussage, der vom Himmelreich. Wie schon erwähnt, wird das Himmelreich traditionell ans »Ende aller Tage« verlegt, also als ein Weltzeitalter verstanden, das nach dem Untergang der Welt, wie wir sie kennen, anbricht beziehungsweise von Gott herbeigeführt wird. Diese Vorstellung bleibt außerhalb alles menschlichen Verstehens. Die Bibel spricht von einer grausigen Katastrophe, die dem vorausgeht, einem Weltuntergang, der nichts Bekanntes verschont. Das macht natürlich Angst; wer könnte über diesen Untergang hinaus denken und wünschen?

Eine Genugtuung enthält die Aussage vom Weltuntergang allerdings für alle, die an den bestehenden Verhältnissen leiden und darüber hinaus erkennen, dass im

Menschen und in allem, was er in seiner Geschichte anstellt, so viel Verwirrung, Verdorbenes und Aussichtsloses zu Tage tritt und der einzelne Mensch, wenn er seine Illusionen über sich selbst aufgibt, so durch und durch haltlos, verloren und verzweifelt ist, dass nur noch ein Auslöschen alles Vorhandenen und ein radikal neuer Anfang, eben eine neue, andere, heile Schöpfung, an die Stelle des Vorhandenen treten kann. Die Frage ist nur, ob es durch diesen radikalen Abbruch hindurch noch irgendeine Kontinuität zwischen dem Menschen, wie er sich heute vorfindet, und dem geben wird, der zu diesem Himmelreich gehört.

Das Neue Testament hält eine solche Kontinuität für möglich. Wer an Christus glaubt, mit ihm stirbt und aufersteht, wer den Heiligen Geist empfangen hat, ist schon eine »neue Kreatur«, auch wenn sich diese neue Kreatur jetzt, in der alten Welt, nur ansatzweise zeigt, weil sie fremd ist, verfolgt wird und leiden muss. Hingebende Liebe zum Beispiel wird als ein Verhalten verstanden, das diese Zeit überdauert und auch in der Ewigkeit nicht vergeht.

Für den Einzelnen, so die Bibel, bricht dieses Himmelreich an, wenn er gestorben ist. Am Jüngsten Tag, und der wird mit dem Weltuntergang gleichgesetzt, erscheint Christus, und jeder Einzelne wird dem endgültigen Gericht zugeführt und erfährt dann entweder ewige Verdammnis oder ewige Seligkeit.

In den letzten Jahrzehnten, aber im Grunde schon seit den Anfängen des Christentums, hat es viel Kritik an diesem Verständnis gegeben. Man sprach zum Beispiel vom Heilsegoismus: Was kümmert den Frommen noch das Schicksal der Menschheit und der Erde – Hauptsache, er selbst gehört zu den Erwählten für das Himmelreich? Wie kann aber einer, der sich als Nachfolger Jesu versteht, dem Liebenden, Heilenden und Vergebenden, selig sein wollen, während seine Menschenbrüder und -schwestern in der Hölle schmoren? Wenn Gott Liebe ist, müsste es doch eine Erlösung für alle geben.

Wie steht es außerdem mit der Erde und allen anderen Lebewesen? Sollen sie um des Menschen willen alle in einem großen Weltenbrand vernichtet werden? Die Ostkirche spricht von einer »Verklärung der Erde«, als werde auch sie verwandelt und ins Himmelreich aufgenommen.

Wo überhaupt soll das Himmelreich sein? Irgendwo jenseits der Wolken – oder wird es hier auf einer verwandelten und verklärten Erde anbrechen?

Die vielen Fragen zeigen, dass die überlieferten Bilder ungenau sind und mehr verhüllen als klären, und das ganz abgesehen davon, dass der aufgeklärte und naturwissenschaftlich Gebildete von heute sich zwar einen Weltuntergang vorstellen kann – vom Menschen selbst verursacht oder durch eine kosmische Katastrophe ausgelöst –, nicht aber eine »neue Schöpfung«.

Nun ist aber das Himmelreich oder das Reich Gottes die zentrale Aussage Jesu. Er rief seine Hörer zur Umkehr, zu einem Sinneswandel, weil es nahe herbeigekommen sei. Bevor man ihm unterstellt, er habe sich geirrt, als er vom nahe bevorstehenden Anbruch des Reiches Gottes sprach, muss die Frage gestellt werden, ob sich seine Nachfolger mit ihrem Verständnis vom Himmelreich irrten und irren. Wenn das denkbar ist, muss die ganze Frage noch einmal neu aufgerollt werden.

Eines ist deutlich: Es geht beim Himmelreich um den Sinn des Menschenlebens und um den der ganzen leidvollen Geschichte der Menschheit. Es geht um den Tod des Einzelnen und die Frage ob es ein Danach gibt, es geht um die Frage, ob Christus lebt und ob ein Gott ist. Es geht um die Frage, die ein Denker der Gegenwart einmal ganz unreligiös so formulierte: »Ist das Universum freundlich oder nicht?«

Jesu Wort vom Himmelreich eröffnet mitten in einer Welt voller Angst und Bedrohung eine Perspektive, ermutigt zur Hoffnung, verkündet einen liebenden, gnädigen Gott und lädt jeden Einzelnen ein, dass er dazugehören kann. Wie immer man sich dieses Himmelreich vorstellen mag, es stiftet Sinn und enthält ein Heilungspotenzial im Leben und im Sterben. So viele derart kostbare Bilder hat die Menschheit nicht, dass man dies beiseiteschieben dürfte.

Es ist auch im Hinblick auf das Himmelreich sinnvoll, das Bild aus dem tradierten religiösen Kontext zunächst anthropologisch zu betrachten. Dann zeigt sich im Vergleich zu anderen Religionen, dass sie verwandte Vorstellungen kennen, zum Beispiel von einem goldenen Zeitalter, das einmal war und wiederkommen kann, von einem Leben nach dem Tode, das paradiesische Zustände verspricht, und von einem Einssein mit Gott, das die Trennung von ihm und die Unvollkommenheit des Menschen aufhebt. Wie ein Schatten begleiten diese Bilder die Einsicht, dass es auch ein Zeitalter der Finsternis gibt, dass anstelle des Paradieses eine Hölle sein kann und anstelle des Einsseins mit dem ewigen Licht ein qualvolles Verlorensein.

Überträgt man diese in der ganzen Menschheit verbreiteten Bilder aus der mythischen Sprache in eine psychologische, sagen sie viel über den Menschen aus. Zwar hat man im 19. und auch noch im 20. Jahrhundert gemeint, die Psychologisierung sei das Ende aller Religion, aber das war ein Kurzschluss. Letztlich ist alle Religion auch Anthropologie, und die bekannte Forderung des Orakels von Delphi »Erkenne dich selbst« ist die Voraussetzung für alle Gotteserkenntnis und der einzige Zugang zu religiösen Fragen, den es gibt.

Die Erfahrung zeigt, dass jeder Mensch, ob er sich einem spirituellen Meister anvertraut und meditiert oder ob er den Weg einer Psychoanalyse einschlägt, die innere Zone seines Schattens, seiner Hölle, eines »Wächters der Schwelle« durchschreiten oder, genauer, sich mit ihr sein Leben lang auseinandersetzen muss. Wer meint, dies überspringen zu können, konsumiert zwar Religion, sie bewirkt aber nichts an ihm. Die unerkannte und unerforschte innere Hölle kann am Ende des Lebens zur Höllenfurcht werden. Selbsterkenntnis, Selbsterforschung – in der Sprache der Bibel Buße, Umkehr, Sinneswandel – sind unverzichtbare Durchgangstore – wohin? Zu dem »Himmel«, der auch im Menschen wohnt.

Für den »Himmel« im Menschen gibt es zahlreiche Umschreibungen: sein Selbst, seine Gottebenbildlichkeit, seine Seele, sein wahres Wesen, das innere Licht, Gotteserkenntnis – und so weiter. In diesen »Himmel« zu kommen ist nun keineswegs etwas, was einfach machbar wäre. Weder eine Psychoanalyse noch Askese und Meditation oder eine Vision können dafür als sichere Methode angegeben werden. Aber sie können Schritte zu jener Umkehr und jenem Sinneswandel sein, ohne die dem Menschen die Wahrnehmung für die Nähe des Himmelreichs fehlt. Und vor allem: Alle diejenigen, die sich auf den mühseligen Weg der Selbsterkenntnis begeben, so unzureichend er ihnen auch gelingen mag, hören zumindest auf, den Menschen und seine Welt als so eindimensional zu begreifen, wie es zur Zeit üblich ist.

Wie viel Himmel also braucht der Mensch? Er soll gewiss mit beiden Beinen auf der Erde stehen, aber ebenso braucht er den Himmel als Erfahrung der Höhe und der Tiefe seiner selbst, als Perspektive, die ihn sein Woher und Wohin ahnen lässt, und als Einheitsbewusstsein, das ihm zeigt, dass er kein isoliertes Einzelwesen, sondern mit allem, was lebt, verbunden ist, was in ihm das Wissen wachsen lässt, dass er und die ganze Menschheit einer Transformation entgegengehen, die weit über das hinausreicht, was er sich heute träumen lassen kann. Ohne diesen »Himmel« wäre er kein Mensch. Und ohne diesen »Himmel« könnte er seinem eigenen unausweichlichen Ende nur mit Resignation entgegensehen.

Wer aber je Erfahrungen an der Grenze des Alltagsbewusstseins gemacht und sie anschließend nicht verleugnet hat, der kommt zu der Gewissheit, dass der Himmel nicht vergeht, wenn er selbst stirbt. Dass der Himmel tiefer, höher, weiter und reicher ist als er und ihn einschließt und umschließt. Er muss nicht »in den Himmel kommen«, er ist immer schon da, und der Himmel ist auch in ihm. Was davon trennt, ist dieses Leben im Körper, dieser Ausschnitt und Abschnitt aus einem großen Ganzen, der nur einen engen Horizont, eine begrenzte Wahrnehmung und eine endliche Kraft zulässt. Dennoch ist das Himmelreich immer »nahe«, wenn man sich zu der Erkenntnis entschließt, dass dieses Leben, das man gerade führt, ein Abschnitt, eine kurze Wegstrecke ist in einem viel größeren Umfeld, dessen Licht und Liebe und Weisheit man jetzt nur stückweise ahnen kann. Aber Mystiker und Weise der Menschheit erzählen, dass wir eigentlich ganz bis zu Gott, zum Geist reichen können. In den Tiefen des eigenen Bewusstseins können wir die Unendlichkeit erreichen. Ken Wilber vergleicht den Überschritt dahin mit dem Schritt über die letzte Sprosse einer Leiter hinaus:

»Man macht diesen Schritt, und wo ist man dann? Wenn du über die Leiter hinausschreitest, fällst du in freiem Fall in die Leere. Innen und außen, Subjekt und Objekt verlieren jegliche Bedeutung. Du bist nicht mehr ›da drinnen‹ und schaust hinaus auf die Welt ›da draußen‹. Du betrachtest nicht mehr den Kosmos, du bist der Kosmos. Das Universum des einen Geschmacks kündigt sich an, hell und unverkennbar, strahlend und klar, das kein Äußeres und kein Inneres mehr hat – eine unendliche Geste großer Vollkommenheit, die spontan ausgeführt wird. Das Göttliche selbst glimmt in jedem Anblick und jedem Geräusch auf, und du bist einfach dieses Göttliche. Die Sonne scheint nicht auf dich, sondern in dir, und Galaxien werden in deinem Herzen geboren und sterben. Raum und Zeit tanzen als schimmernde Bilder auf dem Antlitz der strahlenden Leere, und das ganze Universum wird gewichtslos. Du kannst die Milchstraße mit einem einzigen Schluck hinunterschlucken, kannst Gaia in die hohle Hand nehmen und sie segnen, und all dies ist das Normalste von der Welt, so dass du gar nicht darüber nachdenkst.«

Wem aber der Himmel einstürzt – und es gibt genügend Situationen und Leidenserfahrungen auf dieser Welt, in denen dies geschehen kann –, der erlebt dies als einen Weltuntergang. Er verliert die Hoffnung, den Sinn, die Beziehung zu anderen, zu sich selbst, zu Gott. Er wird zu einem Häufchen Elend. Das aber ist nun der Inhalt des Evangeliums, dass Jesus vom Himmel herabgekommen ist, um den Verlorenen den Himmel wiederzubringen, ihn erneut über ihnen leuchten zu lassen, ihn ihnen zu öffnen. Eben, weil der Mensch nicht leben kann ohne Himmel. Damit erschließt sich der Sinn der Menschwerdung Jesu und womöglich auch der Sinn des irdischen Daseins jedes Einzelnen: Die Liebe ist diejenige Kraft, die einen eingestürzten Himmel wieder aufzurichten vermag. Nähe kann Hoffnung wecken, heilende Berührung die Dämonen der Sinnlosigkeit vertreiben, Zartheit den Glauben an sich selbst wieder möglich machen. Bis einer jubeln kann wie Paulus: »Ich halte dafür, dass die Leiden der jetzigen Zeit nichts bedeuten im Vergleich zu der Herrlichkeit, die an uns geoffenbart werden soll« (Röm 8,18).

Denn das bleibt: die Hoffnung, dass im Tod, wenn die Begrenzung des irdischen Leibes aufgehoben ist und wenn die Erde nicht mehr den halben Himmel verdeckt, sich der Horizont weitet und der Blick frei wird auf ein großes, liebevolles Licht.

Und das nicht nur für den Einzelnen. Wie eine geheim weitergegebene Nachricht zieht sich durch die Geschichte die Botschaft, dass keineswegs nur wenige Auserwählte, sondern die ganze Menschheit »den Himmel erben« wird. Wie das vor sich gehen soll, ob durch kosmische Ereignisse oder nicht viel eher durch eine ganze Zeitalter in Anspruch nehmende geistige Evolution des Menschen, das bleibt vorerst der Fantasie und dem Fassungsvermögen jedes Einzelnen überlassen. Doch ohne eine solche hoffnungsvolle Aussicht wäre alles eitel und sinnlos. Aber warum sollte das Universum nicht freundlich sein?

Die Schönheit und der Schrecken

Die Welterfahrung und das Heilige

»Obwohl wir alle Anteil haben an einem der phantastischsten und unglaublichsten Abenteuer, das man sich vorstellen kann, nämlich ein bewusster Mensch auf dieser Erde zu sein, der die Summe des schöpferischen Potentials des Universums in sich trägt, scheinen wir nichts davon zu bemerken. Kaum jemals sprechen wir miteinander über dieses unfassbare Ereignis. Und obwohl jeder von uns nur sehr beschränkte Erfahrungen mit dem hat, was es alles auf dieser Welt und in uns gibt, verhalten wir uns erstaunlicherweise meist so, als sei uns alles bekannt, als sei unser Leben nichts Besonderes, vielmehr etwas ganz Alltägliches, ja Langweiliges. Es ist sogar möglich, das wir zeitlebens niemals auf den Gedanken kommen, dass es eigentlich sehr sonderbar ist, dass wir überhaupt leben.«

So der Psychotherapeut Lutz Müller. Er meint das, was die Philosophen die »Seinsvergessenheit« nennen. Und Mystiker haben immer wieder vergeblich gemahnt: Wacht auf! Wacht auf, denn ihr schlaft, ihr träumt. Und die Träume sind nicht einmal schön. So wunderte sich schon Augustin:

»Da gehn die Menschen hin, und staunend sehn sie nach den Bergesgipfeln, dem breiten Strom gewaltiger Flüsse, dem endlos weiten Rund des Ozeans und dem Lauf der Sterne, sich selbst aber sehn sie nicht und sehn sich ohne Staunen.«

Manchmal schrecken wir aber auf, wenn nämlich die Erde unser Leben bedroht:

Da gibt es Hitzewellen, in denen die Ernte und die Wälder verkommen, Kältewellen in Sibirien, Erdbeben, Tsunamis, Hurrikans, Monsunregen mit Überschwemmungen, Stürme und Tornados, Vulkanausbrüche, Heu-schreckenplagen. Hunderttausende Menschen müssen jährlich so ihr Leben lassen.

Die Erde macht manchmal Angst. Sie ist gar nicht immer die »gute Mutter«, auf der wir ungestört leben können. Hatten wir nicht gelernt, dass Gott die Erde schön gemacht hat, zu einem wohlgeordneten Kosmos für uns Menschen? Zu einem wunderbaren Garten, in dem wir wie Kinder glücklich spielen können? Dass er als ein gütiger Vater über uns wacht, damit kein Unheil über uns kommen kann? Wenn das Unheil dann doch kommt, sind Zweifel angesagt, Zweifel an unserem Bild von Gott, Welt und Mensch.

Und wenn dann auch noch die Erde selbst zum Feind wird, was dann? Was die Naturwissenschaften in den letzten Jahrhunderten an Wissen über unsere Welt zusammengetragen haben, lehrt zwar das Staunen, tut aber nicht unbedingt wohl. So lesen wir beispielsweise:

»Ein Lebewesen zu sein, ist nicht einfach. Soweit wir bis heute wissen, gibt es nur einen einzigen Ort, einen unscheinbaren Außenposten der Milchstraße mit Namen Erde, der uns am Leben erhalten kann, und auch das oft äußerst widerwillig.

Die Zone, die fast sämtliche bekannten Lebensformen beherbergt, vom Boden des tiefsten Tiefseegrabens bis zum Gipfel der höchsten Berge, ist nur rund 20 Kilometer dick – nicht viel im Vergleich zur gewaltigen Ausdehnung des Kosmos.

Wir Menschen sind noch schlechter dran: Zufällig gehören wir zu dem Teil der Lebewesen, der vor 400 Millionen Jahren den eiligen, waghalsigen Beschluss fasste, aus dem Meer zu kriechen, an Land zu leben und Sauerstoff zu atmen. Deshalb sind uns, was das Volumen angeht, einer Schätzung zufolge nicht weniger als 99,5 % der gesamten bewohnbaren Räume auf der Erde grundsätzlich verschlossen.«

Uns Menschen verschlossen, aber nicht den Mikroben,

den Bakterien, den ursprünglichen Meer- und Erdbewohnern, die schon seit fast 4 Milliarden Jahren da sind und auch heute noch 80 Prozent der Biomasse ausmachen. Demgegenüber sind die großen Landbewohner, zu denen wir Menschen zählen, nur eine Laune der Natur.

Und wir können auch nur 12 Prozent der Erdoberfläche bewohnen, die anderen Teile sind zu kalt, zu heiß, zu trocken oder zu hoch gelegen. Denn in der Höhe sieht es auch nicht besser aus: Schon ab 6 Kilometern über dem Meeresspiegel wird der Sauerstoff so knapp, dass wir es nicht mehr aushalten. Die Atmosphäre, die uns vor der Kälte und vor den tödlichen Strahlen des Weltraums schützt, ist jedenfalls nur ein dünnes Häutchen. Also sind wir räumlich sehr beschränkt, und auch zeitlich. Es gibt ja die berühmte Rechnung, die Erdgeschichte als einen Tag dazustellen:

»Stellt man sich die 4,5 Milliarden Jahre der Erdgeschichte zusammengedrängt auf einen einzigen Tag vor, beginnt das Leben schon sehr früh, nämlich um vier Uhr morgens, mit dem Aufstieg der ersten Einzeller. Dann aber folgt in den nächsten 16 Stunden kein weiterer Fortschritt. Erst gegen halb neun am Abend, wenn der Tag schon zu 80 Prozent vorüber ist, hat die Erde gegenüber dem Universum etwas anderes vorzuweisen als eine Haut aus Mikroorganismen. Jetzt endlich tauchen die ersten Meerespflanzen auf, 20 Minuten später gefolgt von den ersten Quallen und den rätselhaften Ediacara-Tieren. Um 21 Uhr 04 erscheinen schwimmende Trilobiten auf der Bildfläche, und mehr oder weniger unmittelbar danach folgen die wohlgeformten Lebewesen des Burgess-Schiefers. Kurz vor 22 Uhr gedeihen an Land die ersten Pflanzen, und kurz danach – vom Tag sind jetzt nicht einmal mehr zwei Stunden übrig – tauchen die ersten Landtiere auf.

Nachdem rund zehn Minuten lang warmes Wetter geherrscht hat, ist die Erde um 22 Uhr 24 von den großen Wäldern der Karbonzeit bedeckt, deren Überreste uns heute die Kohle liefern, und die ersten geflügelten Insekten sind zu sehen. Die Dinosaurier trampeln kurz vor 23 Uhr auf die Bühne und halten sich dort rund eine Dreiviertelstunde auf. Etwa 21 Minuten vor Mitternacht verschwinden sie wieder, und das Zeitalter der Säugetiere beginnt. Die Menschen tauchen eine Minute und 17 Sekunden vor Mitternacht auf. Unsere gesamte schriftlich belegte Geschichte ist nach diesem Maßstab nur wenige Sekunden lang, das Leben eines einzigen Menschen ist nur ein Augenblick.«

Vielleicht sind wir Menschen darum auch so ungeduldige Lebewesen, weil wir so wenig Zeit haben. Wir stehen gleichsam ständig unter Spannung. Es stimmt ja nicht, was freundliche Biologen uns glauben machten, dass sich nämlich das Leben in einem sehr langsamen Prozess aus dem Meer ans Land und dort schließlich zum Menschen hin entwickelt habe; in Wirklichkeit entwickelte sich lange gar nichts weiter, dann explosionsartig, und mehrmals verschwanden 99 Prozent aller Arten wieder. Denn die 4 Milliarden Jahre auf der Erde verliefen nicht etwa ruhig. Noch einmal das Tagesbeispiel:

»Während dieses ganzen hektischen Tages schwimmen die Kontinente über die Erde und kollidieren mit einer Geschwindigkeit, die eindeutig gefährlich wirkt. Gebirge steigen auf und schmelzen dahin, Ozeanbecken kommen und gehen, Eiskappen breiten sich aus und ziehen sich wieder zurück. Und während der ganzen Zeit leuchtet dreimal pro Minute irgendwo auf der Erde ein Blitz auf, weil ein Meteor eingeschlagen ist. Dass in einem solch hektischen, unruhigen Umfeld überhaupt irgendetwas überleben kann, ist ein Wunder. Tatsächlich gelingt es auch den wenigsten über längere Zeit.«

Was wir heute an Meeren, Flüssen, Gebirgen und Kontinenten wahrnehmen, ist demnach nur eine Momentaufnahme, sozusagen eine Reliquie der Erdgeschichte. Und das Leben auf der Erde hat noch dazu eine besondere Eigenschaft: Es geht sehr locker mit dem Tod um.

Die heute lebenden Arten sind nur da, weil andere vor ihnen ausgestorben sind. Nicht die tödlichen Katastrophen sind die Ausnahme, sondern das Leben, das sich trotz allem immer wieder entfaltet hat. Und in Bezug auf uns Menschen kommt ein Biologe zu dem Schluss:

»Dass wir hier sind, hat nichts Zwangsläufiges. Dass wir glauben, die Evolution sei letztlich darauf programmiert, uns hervorzubringen, entspringt nur unserer menschlichen Eitelkeit. Selbst unter Anthropologen war diese Vorstellung bis in die siebziger Jahre des 20. Jahrhunderts verbreitet.«

Andere Wissenschaftler sehen es positiver. Ein Physiker: »Je länger ich das Universum erforsche und die Einzelheiten seiner Architektur untersuche, desto mehr Indizien deuten für mich darauf hin: In einem gewissen Sinn muss das Universum gewusst haben, dass wir kommen.«

Damit wird zugleich angedeutet: Die Naturwissenschaft – mit dem, was sie uns erzählt – ist nichts Abgeschlossenes und Endgültiges. Sie hat fossile Funde, Messungen, mathematische Berechnungen und immer neue Hypothesen, nämlich Annahmen, die von sehr zeitbedingten Interessen diktiert sind. Und je mehr erforscht wird, umso größer erscheinen die Lücken des Wissens. So weiß man zum Beispiel sehr wenig über die Tiefen der Meere und so gut wie nichts über das Innere der Erde. Die Physiker stellen fest, dass sie über 90 % der Materie im Universum schlechterdings nichts wissen, weil man sie nicht messen kann. Sie kennen heute etwa 37 Naturkonstanten, also Bedingungen für das Entstehen unseres Universums und auch unserer Erde, ja unseres eigenen Daseins, aber sie können nicht sagen, warum diese Naturkonstanten so sind, wie sie sind, und ob es nicht auch andere Universen geben könnte. Nur so viel steht fest: Vom so genannten Urknall bis jetzt musste alles genauso sein, wie es ist, sonst gäbe es uns Menschen nicht. Und was uns Menschen betrifft, sagt Bill Bryson:

»Dass die Erde uns so wunderbar angenehm erscheint, liegt zu einem großen Teil daran, dass wir uns im Laufe der Evolution entsprechend ihren Bedingungen entwickelt haben. Viele Dinge, die uns so großartig erscheinen – eine wohlproportionierte Sonne, ein liebevoller Mond, der bindungsfreudige Kohlenstoff, mehr Magma, als wir uns vorstellen können, und alles andere –, erscheinen einfach deshalb so großartig, weil wir gerade von ihnen auf Grund unserer Geburt abhängig sind.«

Dadurch sind uns Grenzen gesetzt. Unsere Sinne haben Grenzen, weil sie nur gerade für unser Überleben ausgestattet sind. Unserem Verstehen sind Grenzen gesetzt, allein schon, weil unsere Lebenszeit so kurz ist im Vergleich zu den schier endlosen Zeiträumen unseres Universums.

Naturwissenschaftliche Forschungsergebnisse eignen sich für beides: fürs Erschrecken ebenso gut wie fürs Staunen. So staunen die Astrophysiker darüber, dass es im ganzen Universum offensichtlich die gleichen physikalischen Gesetze und die gleichen Naturkonstanten gibt, und die Biologen darüber, dass das Leben auf der ganzen Erde dieselbe Sprache hat, die Gene:

»Wohin man in der Natur auch kommt, welche Pflanze, welchen Käfer oder Mikroorganismus man auch betrachtet: Wenn es lebt, bedient es sich des gleichen Wörterbuches, und es kennt den gleichen Code. Es gibt nur *ein* Leben.«

Das Wissen, das bisher zur Verfügung steht, regt jedenfalls dazu an, wach zu werden. Denn *selbstverständlich* ist unser Leben nicht. Und zumindest zu staunen steht uns sehr wohl an. Angesichts der bisherigen Erdgeschichte haben wir auch kaum Anlass, das Beschwerdebuch zu verlangen, wenn Naturkatastrophen unseren Lebensraum zerstören oder wenn das Wetter uns nicht gefällt. Zumal die Menschheit seit ihrem Erscheinen auf der Erde immer wieder ihren eigenen Lebensraum zerstört hat und seit einigen Jahrhunderten bis in die Gegenwart auch den Lebensraum anderer Arten systematisch vernichtet. Man könnte eher sagen, dass bisher das Erschrecken immer noch nicht groß genug ist, um den heilsamen Schock, um das Aufwachen herbeizuführen, das nötig wäre, damit die Menschheit den bescheidenen Lebensraum, den das Universum ihr auf der Erde gegeben hat, so gut sie kann bewahrt, statt ihn mutwillig zu verbrauchen und ihre Ressourcen noch dazu in Kriegen zu verschleudern.

Aber da ist eben auch immer noch das Andere, die Fremdheit, die Einsamkeit des Menschen inmitten aller anderen Lebewesen. Sein Bewusstsein, sein Fragen nach seinem Woher und Wohin, seine Überzeugung, etwas Besonderes zu sein, während die Natur stumm und achtlos über ihn hinwegzugehen scheint.

Der Anspruch, dass Gott gerade ihn berufen habe und nun auch für sein Wohl und Heil zuständig sei. Sollte dies alles nur Hochmut sein, völlig unangebracht angesichts der mehr als bescheidenen Dimensionen des Menschenlebens von gerade mal durchschnittlich 650 000 Stunden? Schon vor mehr als zweitausend Jahren meinte der Prediger der Bibel:

»Ich gedachte alles, was unter der Sonne geschah, durch Weisheit zu erforschen und zu ergründen: eine leidige Mühe, die Gott verhängt hat, dass die Menschenkinder damit sich abmühen ... Denn wo viel Weisheit, da ist viel Verdruss, und je mehr Wissen, desto mehr Schmerz« (Koh 1,12–13.18).

»Ich sah die Plage, die Gott verhängt hat, dass die Menschenkinder sich damit plagen. Alles hat er gar schön gemacht zu seiner Zeit; auch die Ewigkeit hat er ihm ins Herz gelegt, nur dass der Mensch das Werk, das Gott gemacht, von Anfang bis Ende nicht fassen kann« (Koh 3,10 f.).

»Wie er aus dem Mutterschoß hervorging, nackt geht er wieder dahin, wie er kam, und nichts trägt er davon für seine Mühe, das er mitnehmen könnte« (Koh 5,14).

»Denn wer sagt dem Menschen, was nach ihm sein wird unter der Sonne?« (Koh 7)

Als spotte er aller Forschung, zieht der Prediger einen Schluss, der auch bei allem heutigen Wissen noch gilt:

»Als ich meinen Sinn darauf richtete, Weisheit zu lernen und die Dinge zu beobachten, die auf Erden geschehen, da erkannte ich, dass es dem Menschen unmöglich ist, das gesamte Tun Gottes zu ergründen, alles, was unter der Sonne geschieht, ob auch bei Tag und bei Nacht in seine Augen kein Schlaf kommt.

Denn wie immer der Mensch sich abmüht, zu suchen, er ergründet es nicht; und selbst wenn der Weise es zu verstehen meint, er kann es doch nicht ergründen« (Koh 8,16 f.).

Mit dem *Verstehen* ist es also nicht weit her. Aber *deuten* kann der Mensch. Dazu sind ihm Ahnung und Sprache gegeben. Und so kann er sich auch als das augenscheinlich jüngste, verhätschelte Kind der Erde verstehen, das sie unter Millionen Jahre langen Wehen hervorgebracht hat, und sein Bewusstsein als eine wenn auch noch so winzige, so doch unendlich kostbare Blüte in der unendlichen Wüste des Universums.

Die Naturwissenschaft gibt keine Antwort auf die grundlegende Existenzfrage des Menschen, nämlich die nach seinem Lebenssinn. Und es mehren sich die Stimmen derer, die darauf aufmerksam machen, dass dem Menschen mehr als sein Verstand zur Verfügung steht, um sich in seiner Welt zurechtzufinden.

Unsere Sinne vor allem sind es, die uns das Überleben, aber auch die Wahrnehmung von Schönheit ermöglichen. Das einfachste Beispiel ist immer noch, dass wir zumindest im Urlaub ergriffen einem Sonnenuntergang zuschauen, obwohl wir vom Verstand her wissen, dass die Sonne gar nicht untergeht, sondern die Erde sich dreht. Und neben den natürlichen Sinnen haben wir Menschen auch noch das, was man Ahnung nennt, Gefühl. Warum sollten diese Wahrnehmungsmöglichkeiten weniger gelten als der messende Verstand?

So leben etwa die nomadisierenden Naturvölker offenbar seit Jahrtausenden im Frieden mit ihrer Welt. Sie verehren die Steppe, die Berge, die Winde, die Gewässer und hüten mit äußerstem Einsatz ihre Viehherden. Sie sehen in jedem Naturphänomen eine geistige Kraft, die sie achten und verehren. Der tuwanische Schamane Galsan Tschinag zum Beispiel, der seit Jahrzehnten zwischen Europa und der Mongolei hin- und herpendelt, sagt, dass der Mensch in Europa so weit entfernt von seiner natürlichen Umwelt lebt, dass er sich selbst verliert:

»Wenn ich längere Zeit in der Stadt gelebt habe oder durch die Länder haste von Tag zu Tag, ständig unter Duck, dann fühle ich in mir drückenden Ballast in alle Richtungen hin, komme mir vollgestopft vor. Das ist ermüdend, ja erstickend, und wenn ich jetzt in meine Steppe zurückkomme und mich dort ausstrecke und ruhe, neben mir das Pferd, über mir der Himmel und unter mir die Erde, da werde ich wieder das, was ich gewesen bin – so wie Regenwasser nur Wasser, Höhenluft nur Luft, durchsiebt und entschlackt.

Für mich sind Geister wirkliche Kräfte. Wollte ich wissenschaftlich sein, so müsste ich von Schwingungen reden. Sie sind für mich auch Lichter, etwas Kraftauslösendes. Ich kann sie nicht fassen, kann sie aber alleweil fühlen. In dem Augenblick, in dem ich auf einem Berg sitze, da bin ich ein Stein, ich ruhe. In dem Augenblick, wie ich über die Steppe gehe, da bin ich ein Stück Wiese, ich wachse. In dem Augenblick, in dem ich durch einen Fluss komme, da bin ich Wasser, ich fließe. In dem Augenblick, wenn ich im Wald liege, bin ich Baum, ich rausche. Und die Fähigkeit, mich zu verwandeln, geschieht dank der Geister. Ich kann die Kräfte wirklich fühlen, dafür aber muss ich den Quellen nahe sein, in der Steppe liegen und in den Himmel hinaufschauen. Es ist, als würde durch mich hindurch Wind wehen und ich würde bis in alle Ecken und Enden meines Körpers davon erfasst. Ein gewisses Etwas fließt also durch mich hindurch, und in dem Augenblick fühle ich mich körperlich ausgeruht und seelisch gereinigt.«

Auch wir Europäer können eine Landschaft schön finden. Aber der Schamane fühlt mehr, er kann sich hineinfühlen, er kann sich mit ihr identifizieren.

»Ich atme mit, lebe davon, gehe ein in die Gräser, reite auf dem Wind, zerfalle zu Staub, sprudle mit dem Wasser und träume in den Steinen.«

Galsan Tschinag hat keine Probleme, das, was er Geister nennt, auch als Schwingung, als Energie und Klang zu bezeichnen. Und das, was ein Schamane tut, zu übersetzen: es sei dichten und singen. Er sagt:

»Der Schamane wie der Dichter erfindet aus dem Unsichtbaren heraus, erfindet aus dem Stegreif Worte und Melodien und gerät bald in einen Fluss ohne Ende, Die Worte müssen so gewaltig, so voller Ladung sein, so wie ein Sturm über ihn selbst und seine Zuhörer hinweggehen, so dass es alle fortreißt und in die Lüfte hebt. Trance sagt ihr dazu. Die Gewalt der Worte erweckt die innere Welt, die nach außen bricht – endlich.«

Trance ist für den Europäer etwas Unheimliches. Er könnte ja die Kontrolle verlieren. Aber vielleicht erlaubt Trance dem Menschen, abseits von seinem Verstand, seine anderen Fähigkeiten zur Wahrnehmung der Welt zu gebrauchen.

Zum Beispiel sagt der französische Dramatiker Jean Anouilh:

»Schönheit ist eines der seltenen Wunder,
die unsere Zweifel an Gott verstummen lassen«.

Rudolf Otto hat in seinem Buch über das Heilige das Empfinden jenes ganz Anderen beschrieben, das die menschliche Vernunft transzendiert. Da ist nicht nur die Ahnung von etwas Unheimlichem, sondern es fasziniert und beglückt. Diese Erfahrung ist nicht erklärbar, sie macht schaudern und weckt zugleich Vertrauen. Otto hat das Heilige als beides zugleich benannt, als Faszinosum und Tremendum. Das faszinierend Schöne und Erhabene ist zugleich erschreckend. Der Tiefenpsychologe Lutz Müller ist überzeugt:

»Die Leistung unseres Selbst, die es in jedem Augenblick in tiefem Schweigen vollbringt, ist größer als jedes Kunstwerk, das Menschen jemals hervorgebracht haben, ist ehrfurchtgebietender als der Himalaja, gewaltiger als die Niagarafälle, grandioser als der Grand Canyon.«

Auf die Frage, warum der Mensch im Allgemeinen nichts von seinem Selbst weiß, heißt es, dass nach der so genannten Systemtheorie kein System auf eine Funktion angewendet werden kann, die es selbst erzeugt. Einfacher gesagt: ein Messer kann sich nicht selbst schneiden.

»Wir können das Wunder unseres Lebens nicht erkennen, weil wir dieses Wunder bereits sind.«

Damit ist das Dilemma der heutigen Gehirnforschung umschrieben. Man hat herausgefunden, dass das Gehirn des Menschen die komplexeste Materie im gesamten bekannten Kosmos ist – 100 Milliarden Nervenzellen mit je ca. 1000 Verbindungen zu anderen Nervenzellen. Obwohl es nur 2 % der Körpermasse ausmacht, verbraucht das Gehirn 20 % unserer Energie. Wir können es nicht sehen und nicht fühlen. Aber der Mensch wäre kein Mensch, wenn er nicht versuchte herauszufinden, wie es funktioniert. Gehirnforschung ist ein aufregender junger Forschungszweig. Und schon melden sich im Zusammenhang damit philosophische, psychologische und erkenntnistheoretische Fragen zuhauf, die auf die Kernfrage hinauslaufen: Kann das Gehirn des Menschen sich selbst erkennen? Ein Teil der Gehirnleistung läuft ja unbewusst ab, es ist in erster Linie damit beschäftigt, uns am Leben zu erhalten, ähnlich wie bei den Tieren. Nur die so genannte Großhirnrinde ist das Besondere am Menschen. Evolutionsbiologen sagen heute:

»Wir kennen einfach keinen überzeugenden Grund, mit dem wir erklären könnten, warum das Gehirn des Menschen so groß wurde.«

Aber darüber, was nun Geist und Bewusstsein ist, was das Ich, oder ob es überhaupt eines gibt, gehen die Meinungen auseinander. Und noch ist offen, ob der Mensch es ergründen kann. Der Prediger der Bibel, der bei seinem Nachdenken feststellte, dass alles nichtig ist und ein Haschen nach Wind, hat dennoch einen Rat zur Hand:

»Darum pries ich die Freude; denn es gibt für den Menschen nichts Gutes unter der Sonne als essen und trinken und fröhlich sein« (Koh 8,15). »Geh, iss mit Freuden dein Brot und trink deinen Wein mit fröhlichem Herzen; denn längst hat Gott dein Tun gebilligt« (Koh 9,7).

Dieser bibische Rat verblüfft, weil das Gottesbild der jüdisch-christlichen Tradition im Wesentlichen mit moralischen Fragen verbunden ist. Da geht es um Schuld und Sühne, um Sünde und Strafe. Da scheint es so, als habe Gott das ganze Welttheater nur um des Menschen willen in Gang gesetzt. Angesichts dessen, was wir heute über das Universum und seine Geschichte, über die Evolution und den Menschen wissen, wäre wohl mehr Bescheidenheit angebracht. Im menschlichen Zusammenleben mag Moral nach wie vor sehr wichtig sein, aber um die Welt zu erklären, reicht sie nicht. Da geht es um Größeres. Auch für diesen Gedanken finden sich Ansätze in der Bibel. Als Hiob Gott sein Leid klagt und Anspruch darauf erhebt, dass Gott ihm Auskunft geben solle, warum es ihm so schlecht geht, bekommt er zuletzt die Antwort:

»Wo warst du, als ich die Erde gründete? ... Hast du in deinen Tagen je dem Morgen geboten, dem Frührot seinen Ort gewiesen? ... Bist du bis hin zu den Quellen des Meeres gekommen, hast du die Weiten der Erde erkannt? ... Knüpfst du die Bande des Siebengestirns oder löst du die Fesseln des Orion?« (Hiob 38,4–31)

Der kleine Mensch wird in seine Schranken gewiesen, einfach durch die Größe der Schöpfung. Vielleicht ist es an der Zeit, die religiöse Denkfigur, die ausschließlich um Schuld und Strafe kreist und damit um die Bedeutung des Menschen, beiseitezulegen. Vielmehr ist daran zu erinnern, dass auch in der jüdisch-christlichen Tradition von jeher von der Heiligkeit Gottes die Rede ist. Staunen und Ehrfurcht, Lob und Dank stehen dem Menschen zu und durchaus die Freude an Leben. Aber von Gott, vom Leben Rechenschaft über sein Dasein zu fordern, steht ihm offenbar nicht zu. Wir wissen nicht, warum sich die Erde dreht, warum und wozu das Universum da ist, wir wissen auch nicht, warum wir so wunderbar konstruiert sind, mitten unter allen anderen Lebewesen.

In den östlichen Religionen gibt es die Idee des Lila. Lila ist ein Wort für das Spiel der Götter. Aus reiner Freude am Spiel hat ein Gott die Welt hervorgebracht, und das so raffiniert, dass er sogar mit sich selbst Verstecken spielt. Und dem Menschen bleibt nichts anderes, als in diesem Spiel mitzuspielen.

So legte der Mystiker Angelus Silesius uns die Rose zur Nachahmung nahe:

»Die Ros ist ohn Warum, sie blühet weil sie blühet,
sie acht nicht ihrer selbst, fragt nicht, ob man sie
siehet.«

Ein schönes Bild. Aber im Unterschied zur Rose treibt unser geheimnisvolles Selbst uns eben doch auch immer wieder zum Fragen, zum Suchen. Dazu findet sich ein erstaunlicher Satz im gnostischen Thomasevangelium:

»Nicht soll aufhören, welcher sucht, zu suchen,
bis er findet,
und wenn er findet, wird er verwirrt sein,
und wenn er verwirrt ist, wird er sich wundern
und wird herrschen über das All.«

Die Verlegenheit mit dem Beten

Gedanken zu einem Tabu

Das größte Tabu unserer Tage sei die religiöse Erfahrung, hat jemand gesagt. Sie gilt den meisten heute als intimer, persönlicher, verletzlicher als zum Beispiel ihr sexuelles Erleben. Wer da vom Beten sprechen will, stößt auf Widerstand. »Machst du das?«, fragte mich eine langjährige Freundin fast erschrocken. Jeder, der sie kennt, hält sie für eine Frau, die seit frühester Kindheit mit der Kirche und dem Glauben verbunden war und es bis heute ist. Warum diese Scham, diese Verlegenheit, ja, fast Aggressivität?

Beim Beten meinen heute die meisten, sie könnten irgendwie auch ohne es auskommen. »Hilf dir selbst, dann hilft dir Gott« ist schließlich ein Sprichwort, das sich in der Erfahrung offenbar längst bewährt hat. Jedenfalls sind, wenn überhaupt darüber gesprochen wird, Argumente zu hören wie: »Ich kann nicht beten, ich weiß nicht, wie man das macht, ich weiß nicht, zu wem ich beten sollte …« Es geht bei der so weitverbreiteten Verlegenheit um zwei Themen, um das Gottesbild und um das, was wir als Beten gelernt haben und darunter verstehen.

Irgendwo habe ich einmal einen Satz gelesen, der mich empört hat: »Wer sagt, ich kann nicht, sagt im Grunde, ich will nicht.« Nun ist es bei so empörenden Behauptungen ja oft so, dass sie etwas anrühren, was man nicht gerne hört. Angenommen also, wir könnten nicht beten, weil wir nicht wollten, warum ist das dann so?

Schauen wir uns dazu zunächst einmal an, wie die übliche christliche Gebetshaltung ist: Hände gefaltet, Kopf gesenkt, Augenlider gesenkt. Die meisten wissen heute nicht mehr, dass diese Geste keinen christlichen, auch keinen biblischen, sondern einen sozialen Ursprung hat:

So hatte ein Leibeigener seinem Herrn gegenüberzutreten, und er signalisierte ihm damit: Ich bin ein Gebundener, ich bin dein Knecht, unfrei, auf deine Gnade angewiesen und warte demütig auf deine Befehle. Zu jenen Zeiten war ein Feudalherr zugleich Herr über Leben und Tod seiner Untergebenen, konnte ihnen Arbeit zuweisen, die Frauen benutzen und mit ihrem absoluten Gehorsam rechnen. Und es ist kein Zufall, dass diese Gebetshaltung hierzulande für das Christentum verbindlich wurde, denn die Mission setzte sich weitgehend über die Fürsten oder Könige durch. Karl der Große ist das deutlichste Beispiel. Eroberung, Macht, Herrschaft haben in der Geschichte ganz entscheidend zur Christianisierung beigetragen. Noch der Friede zwischen Katholiken und Protestanten nach dem Dreißigjährigen Krieg konnte im 17. Jahrhundert nur nach der Formel »Cuius regio, eius religio« geschlossen werden, also, wer der Herrscher ist, entscheidet über die Konfession, die seine Untertanen haben müssen. Das Beten war also auch Ausdruck des Gehorsams gegenüber der jeweiligen Obrigkeit, wie Luther das nannte. Denn sie vertrat Gottes Stelle auf Erden. Beim Militär wurde das ganz besonders deutlich, da lautete dann der Befehl: »Helm ab zum Gebet!« – Längst vergangene Zeiten? Sicher. Aber sie haben Nachwirkungen, und gerade in Gesten, in Ritualen pflegen sie sich besonders nachhaltig zu zeigen. Denn nach wie vor wird in einem evangelischen und katholischen Gottesdienst in der Haltung gebetet, die aus der Feudalgesellschaft kommt. Und dort, wo in Familien Kinder noch das Beten gelehrt wird, lernt das Kind auch, dass es dazu die Hände falten, den Kopf neigen und die Augen zukneifen soll. – Wie sonst sollte man beten?

Wie entscheidend die Geste ist, geht aus einer Anekdote über den Psychotherapeuten und geistigen Lehrer Karlfried Graf Dürckheim hervor. Eine Frau, sicher evangelischer Herkunft, klagte ihm, sie könne nicht beten. Dürckheim fragte sie, wie sie denn bete. Nun, eben in der bekannten Haltung, etwas verkrampft. Dürckheim soll sie angeherrscht haben: »Auf die Knie mit Ihnen!« Die Frau soll allein vom Knien so erschüttert gewesen sein, dass sie weinte – und betete.

Sicher – das Hinknien oder gar Niederfallen ist ja eine noch unterwürfigere Geste als das Händefalten. Für einen Protestanten, der bisher nichts anderes gekannt hat, der das Knien womöglich gar für katholisch oder gar islamisch und damit nicht richtig hält, kann es aber etwas Lösendes haben.

Ich bin immer noch bei der Suche nach der Antwort auf die Frage, ob sich hinter dem »Ich kann nicht« ein »Ich will nicht« verbirgt. Ich meine: ja – und das sogar mit Recht. Denn mit der Gebetsgeste wird einprägsamer, als irgendwelche Worte es vermöchten, auch ein Bild von Gott auf der einen und dem Menschen auf der anderen Seite vermittelt: hier der Herr, dort der Sklave, die Sklavin. Da helfen alle Worte vom lieben Gott nichts. Der Körper versteht tiefer. Ein Herr, der so mächtig ist, kann auch bedrohlich werden. Das ist auch genau das, was jedes Kind erlebt: Die Erwachsenen sind mächtig, sie können alles gewähren und alles verweigern, Mutter und Vater sind faszinierend und liebenswert, aber auch zum Fürchten, und am meisten zu fürchten sind sie, wenn ihnen nicht passt, was das Kind will. In der so genannten Trotzphase versucht das Kind, seinen Willen im Gegensatz zu dem der Eltern zu erproben, und auch, wenn Eltern von heute da hundertfach verständnisvoller sind im Vergleich zu früheren Generationen, mächtiger als das Kind sind sie allemal, oder vielmehr: Sie müssen ihrem Sprössling notgedrungen beibringen, sich an die Kultur anzupassen, in die er hineingeboren worden ist, und Kultur bedeutet nun einmal: Verzicht auf vieles, Anpassung, Unterordnung, Gehorsam. Dagegen hat der Eigenwille des Kindes keine allzu große Chance, mag der Kleine auch noch so brüllen und toben. Wenn nicht aus Angst vor Strafe, so doch aus Angst vor Liebesverlust, so die Psychologen heute, wird das Kind schließlich lernen, sich so zu verhalten, wie die Erwachsenen es von ihm erwarten. Aber Unbehagen, Wut, Trotz, Frustration, geheime Rebellion bleiben und begleiten uns alle ein Leben lang. Diese schmerzhafte Anpassung an die herrschende Kultur nun wurde und wird vielfach durch das traditionelle Gottesbild überhöht und geweiht. Da sind die gesellschaftlichen Normen Gottes Wille und Gebot, da steht seine Liebe eigentlich hinter derjenigen der Eltern und aller anderen Autoritäten – gnädig immer dem Gehorsamen zugewandt, aber womöglich bei Widerstand mit Verstoßung und Strafe drohend. Und dieses Muster wurde und wird tausendfach gespiegelt und wiederholt in allen sozialen Belangen: Belohnt wird ein genormtes Verhalten, Sanktionen drohen jedem, der aus der Reihe tanzt. Und wir verinnerlichen von Kind auf: Unser Dasein wird von irgendwem gewährt, wir haben es nicht von uns aus, nicht aus eigenem Recht, nicht aus eigener innerer Macht. Es will erbeten sein oder verdient.

Es ist gewiss nicht nur ein sprachlicher Zufall, dass Beten im Deutschen so nahe verwandt mit Bitten klingt. Und wer als Kind Gebete gelehrt bekam, lernte vor allem Bittgebete: »Lieber Gott, mach mich fromm, dass ich in den Himmel komm...«, oder Bitten wie: »Lieber Gott, mach, dass die Else wieder gesund wird.« Wir lernten vielleicht auch das Sprichwort: »Not lehrt beten.« Beten also, wie bitten. Aber schon das Kind machte die Erfahrung, dass nicht alle Gebete erhört werden und auf Fragen wie die, ob Gott denn alle Menschen, die vielen Millionen mit ihren oft so entgegengesetzten Bitten, hören und auf alle gleichzeitig achten könne, bekam das Kind selten eine befriedigende Antwort.

Die meisten können heute kaum mehr nachvollziehen, dass da über uns, außerhalb, jenseits unserer Welt, ein liebender, sich sorgender, ein bewahrender oder auch aufmerksamer Vater, jedenfalls ein Gott in Person sei, an den man sich mit einer Bitte, einem Gebet wenden könne. Diese traditionelle Vorstellung erscheint als zu kindlich für einen Erwachsenen, was nicht ausschließt, dass man sich in der Not schon gern an eine so mächtige oder womöglich sogar allmächtige Person wenden würde. Die Regel aber ist: verstummen. So geht es nicht, und wie es sonst gehen könnte, ist nicht bekannt. Ich kann nicht beten. Oder: Ich will nicht?

Ich will oft wirklich nicht, will nicht, weil da etwas nicht stimmt, von Anfang an nicht gestimmt hat. Nämlich mit dem Leibeigenen-Ritual, mit dem Menschen- und Gottesbild, das damit zusammenhängt. Denn wo da wie selbstverständlich Liebe, Dankbarkeit und Gehorsam gefordert waren, stand doch erst einmal etwas anderes: Wut. Wut, dass es nicht so geht, wie ich will. Wut, dass ich tun muss, was andere wollen. Wut, dass es von meinem Wohlverhalten, meiner Leistung abhängt, ob ich anerkannt und geliebt werde. Trotz, dass ich demütig bitten, beten soll, wo ich erst einmal anerkannt und verstanden werden will. Ich übertreibe nicht. Jahrhundertelang war es anerkannte Erziehungsregel, dass der Wille des Kindes gebrochen werden müsse. Ebenso wie es das übliche Mittel der Politik war und ist, die Untertanen zu unterwerfen und mit Gewalt zum Gehorsam zu zwingen, wenn sie es freiwillig nicht taten. Und noch heute lassen es sich die Frömmsten angelegen sein, darauf hinzuweisen, dass Gottes Wille und nicht mein Wille zu geschehen habe. So hat doch Jesus in Getsemani gebetet, so im Vaterunser beten gelehrt. Wundert es noch, dass hinter dem »Ich kann nicht beten« womöglich tatsächlich ein »Ich will nicht« verborgen ist? Es bedeutet: Ich will nicht diese Leibeigenenhaltung, ich will nicht diese Form der Abhängigkeit, will nicht diese Ergebenheitsgeste gegenüber einer Person, die noch keineswegs bewiesen hat, dass sie vertrauenswürdig ist. Natürlich sagt man das nicht laut. Das wäre, ja ist nach wie vor Blasphemie, ein Skandal. Und man sagt es auch deshalb nicht, weil man damit auch offenlegte, dass man ein ungehorsames, ein trotziges, ein böses Kind ist, nicht wert, geliebt zu werden. Und nicht geliebt zu werden heißt sich schämen müssen. So machte man das früher, wenn ein Kind ungehorsam war: Es sollte sich in eine Ecke stellen und schämen – zu Hause, in der Schule. Und in der Öffentlichkeit am Pranger. Darum ist es leichter zu sagen: Ich kann nicht beten. Dafür kann man eher Verständnis erwarten. Auf der Ebene eines trotzigen Kindes zu verharren ist natürlich nicht gerade ein Zeichen von menschlicher Reife, aber im Prozess der allgemeinen Säkularisierung fällt das gar nicht so besonders auf. Es klingt eher so, als sage man nur: Ich kann nicht singen, ich kann nicht malen, ich kann nicht tanzen. Und im Übrigen geht mein Privatleben ohnehin niemanden etwas an. Und da heute niemand mehr öffentlich beten muss – man kann sich dem leicht entziehen –, könnte sich das Problem von selbst erledigen, wenn, ja wenn nicht beten ebenso lebenswichtig wäre wie atmen und lieben.

Nach dem bisher Gesagten wird hoffentlich niemand annehmen, ich meinte damit das Beten in dem bisher beschriebenen Sinn. Denn das ist vielfach lebensfeindlich, auch wenn es hier und da seinen guten Sinn behält. Bei den meisten hat es aber die Freude am eigenen Sein erstickt. Vorläufig steht nur kein anderes Wort zur Verfügung. Um aber von der bisher beschriebenen Geste und Haltung wegzukommen, schlage ich für das, was ich meine, den Ausdruck »wildes Beten« vor. Mit *wildem Beten* meine ich die Freiheit, endlich die Rebellion auszuführen, in der die meisten von uns steckengeblieben sind. Die theologische Berechtigung dafür gibt es längst. Hunderte der besten Theologen und Mystiker haben es gesagt und geschrieben und sagen es auch heute, dass Gott – jedenfalls der Gott, den Jesus verkündet hat – nicht der allmächtige Herr und Richter ist, den die Mächtigen der Erde so gern zu ihrer Legitimation benutzt haben, nicht die Überhöhung der allzu zeitbedingten Moral, nicht der Vollstrecker elterlicher Erziehungsziele, auch nicht derjenige, der den Eigenwillen knebelt, denn er ist ja, wenn schon, dann auch der Schöpfer, die Schöpferin des Willens. Mystikerinnen und Mystiker sehen in Gott selbst eher etwas Wildes, etwas Kindlich-Unbändiges, Überströmendes. Wer es also braucht, um nicht zu viel Angst zu haben: Man kann mit Gott gegen alle Gottesbilder aufbegehren, die Erziehung und Lehre einem beigebracht haben, und ist theologisch damit in bester Gesellschaft. Wer es noch biblisch haben möchte: Von Paulus gibt es im Brief an die Römer das tiefgründige Wort: »Wir wissen nicht, wie wir beten sollen, wie sich's gebührt; aber der Geist selbst (also Gottes Geist) tritt für uns ein mit unaussprechlichen Seufzern.« (Röm 8,26) Er meint damit nichts anderes, als dass Gottes Geist in uns wohnt und mit dem Geist Gottes kommuniziert. Und es ist keineswegs ausgemacht, dass er im Widerspruch zu unserem Willen stehen muss. – Die gesamte schöne Theologie nützt aber nichts, wenn die Mauern des Trotzes und der Wut bleiben und dahinter das resignierte Kind, das sagt: »Die Botschaft hör ich wohl, allein mir fehlt der Glaube.« Die Rebellion gegen das Gelernte nämlich, die muss jede und jeder selbst wagen. Da es aber aussichtslos scheint, gegen Gott aufzubegehren, versuchen viele es gar nicht erst und lassen Gott links liegen. Das schadet übrigens Gott nichts. Auch das wieder ist, theologisch gesprochen, keine Lästerung, ein Dag Hammarskjöld hat gesagt. »Wenn wir nicht beten, fehlt Gott nichts, aber uns fehlt etwas.«

Was sollte uns fehlen, es geht doch auch ohne? Wir selbst fehlen uns. Es fehlt uns eben das, was wir, wie vorhin geschildert, als Kind so wütend vermissten und an das wir uns später resignierend gewöhnt haben: das Gefühl, mit dem Geborensein ein Recht zum Leben zu haben, das Wissen, stark und fähig zu sein, die Freude am Leben, die Lust daran, schöpferisch zu sein. Kurz, etwas geradezu Göttliches in uns selbst. Dieses göttliche Kind in uns würde – dürfte es, wie es wollte – singen und tanzen, sich freuen und lieben, es würde lachen und die Welt entdecken, es würde seine Freude mit anderen teilen. Und das, gerade das wäre sein Gebet. Übrigens gibt es einen alten Ausdruck für diese Art des Betens, und der heißt: *Gott loben*, und das hat gar nichts mit Bitten zu tun. Nur passt zum Lob eben nicht die Haltung des Leibeigenen. Schauen wir die Religionen rings auf dem Globus an: In so gut wie allen wird gesungen und getanzt. Ja, Singen und Tanzen sind überhaupt die menschlichen Äußerungen bei Fest und Ritual. Und das, was den Menschen vom Tier unterscheidet, ist eben, dass er das Überflüssige tut: singen, tanzen, spielen, feiern, lachen. Ich vermute, dass die christlichen Missionare den Menschen hierzulande, die das sicher gewohnt waren, sehr vieles davon verboten haben, weil sie es heidnisch schalten. Damit wurden aber urmenschliche Lebensäußerungen beschnitten. Man könnte geradezu sagen, wir seien amputiert worden, und auch darum fehlen wir uns selbst. Wildes Beten wäre ein Weg, diese Möglichkeiten wiederzugewinnen. Gewiss, auch in unserer Kultur wird getanzt – aber seit Jahrhunderten eben nicht in der Kirche. Mit dem Tanzen bringt man im Allgemeinen weniger fromme Lebensäußerungen in Verbindung. Und wenn heute meditatives Tanzen wieder geübt wird und für viele Europäer eine neue Entdeckung ist, zeigt das nur, dass amputierte Glieder heute, in einer liberaleren Zeit, langsam nachwachsen. Aber singen, das gibt es doch auch in der Kirche. Gewiss, wie in der Schule und im Chor gelernt, schön nach Noten, möglichst aber nicht zu laut und bitte richtig. Und am besten ist, man hat eine ausgebildete Stimme mit der richtigen Atemtechnik. Unsere Kultur, nicht nur die Kirche, schätzt auf allen Gebieten die Experten, auch in der Kunst. Bei der Instrumentalmusik ist das noch deutlicher. Erst wenn man sich vor Augen führt, dass in allen so genannten primitiven Kulturen jeder Mensch, ob Mann oder Frau, ob acht oder achtzig, bei den kultischen Ritualen singt und tanzt und somit betet und das als Ausdruck des Menschen vor seiner Gottheit verstanden wird, wird deutlich, wie man uns amputiert und verunsichert hat: Ein guter Christ, eine gute Christin und auch diejenigen, die es nicht mehr sein wollen, haben, sobald es um Religion geht, in erster Linie Angst, etwas falsch zu machen, und benehmen sich dann auch so unsicher und scheu, so tölpelhaft-schüchtern wie ein Vierzehnjähriger bei seinem ersten Rendezvous. Man hat uns in Sachen religiöser Lebensäußerung buchstäblich unmündig gelassen, entmündigt. Im Übrigen überlässt man sie den Experten, den Amtsträgern der Kirche, und ist doch so oft von ihnen enttäuscht. Mit dem spontanen, fröhlich-selbstverständlichen Ritual aber fehlt uns etwas, was zum Menschsein gehört: die wilde Freiheit des göttlichen Kindes, das unabhängig von Kultur und Gesellschaft, von Normen und Leistungszwängen ein eigenes Leben hat, denn das hieße *Religion*. Und was auf der äußeren, körperlichen Ebene gilt, gilt auf der seelischen erst recht. Auch die Seele hat ihre Organe, die geübt und sicher sein können oder amputiert und unbeholfen. Erst ein Mensch, der Mut hat zu sich selbst, ist lebendig, unverwechselbar, ein Original statt nur ein Abziehbild dessen, was Erziehung und Umwelt gern sehen. Der Mut zu sich selbst, zur Seele, ist aber das Tor zu Gott – in Wut, in Klage, in Frage oder, und das ist viel wichtiger, im Sein oder – wieder gemessen an den Konventionen der Zivilisation – im Verrücktsein. Die traditionelle Weise des Gebets legt nahe, dass Beten in erster Linie ein Sprechen sei, ein Reden der hoffentlich richtigen und passenden Worte, wie es sich gegenüber einem mächtigen Herrn gehört. Da diese Worte immer mehr fehlen, weil die überlieferten nicht mehr passen, verstummen die meisten. Nun ist das Verstummen etwas ganz anderes als das Schweigen vor Gott, von dem die Mystiker erzählen. Wer verstummt, verweigert das weitere Gespräch, meistens, weil er zu verletzt ist, zu viel Wut angesammelt hat und lieber nichts mehr sagt, als zu schreien. Worte aber sind beim Beten nicht wichtig, im Gegenteil, sie können stören. Das wilde Beten der Mystiker besteht darin, dass die Seele anwesend ist vor Gott, in seiner Gegenwart ruht, etwa wie ein stiller See, in dem sich am Tage die Sonne und nachts Mond und Sterne spiegeln.

Hier berührt das Beten, jedenfalls das wilde, die Meditation. Das traditionelle Gebet, das traditionelle Gottesbild scheut die Meditation dagegen wie der Teufel das Weihwasser. Aus dem einfachen Grund, weil bei der Meditation nicht von Anfang an feststeht, was dabei herauskommt, das heißt, was der meditierend Schweigende hören und wer oder was sich ihm als göttliche Gegenwart zeigen wird. Für eine Gebetshaltung, die in erster Linie auf Unterwerfung und Gehorsam setzt, gilt das als ein gefährlicher Irrweg. Diese überlieferte Warnung weist zugleich darauf hin, dass das wilde Beten auch in die Wildnis führen kann. Es ist unabsehbar, welche Schönheit, welcher Schrecken da warten.

Daher erst recht die Frage: An wen soll ich mich eigentlich wenden beim Beten? An ein Du jenseits der Wolken? Ein männliches, ein weibliches, überhaupt ein persönliches? Wildes Beten hält sich mit solchen Definitionen nicht auf, legt schon gar nichts fest. Aber Hilfen, Anregungen sind möglich: Lassen Sie, wenn Ihnen das Wort Mühe macht, die Bezeichnung »Gott« zunächst einmal weg. Zu viele Assoziationen, Erlebnisse und Bilder sind an dieses Wort geknüpft. Wildes Beten könnte zum Beispiel ganz unreligiös mit der Annahme beginnen, dass da jenseits meines Ichs noch etwas ist: mein Körper mit seinen Milliarden Zellen, mit Blutkreislauf, Atem, Gehirn und Tausenden von Vorgängen, die mich Minute für Minute am Leben erhalten, ohne dass ich etwas dazu tue. Und wo er seine Grenzen zu haben scheint, an der Haut, gibt es anscheinend noch einen unsichtbaren Körper – aus Licht, Strahlung, Energie. Ich könnte mit diesem atmenden Körper und seinen Organen einmal Verbindung aufnehmen, ihnen danken, mit ihnen sprechen. Jenseits meines Ichs ist auch die Luft, die ich atme. Es hat einmal jemand gesagt, mit jedem Luftzug atme ich den Kosmos ein, und wenn ich ausatme, atmet der Kosmos mich ein. Ähnlich das Wasser, das ich trinke und aus dem ich bestehe und durch das ich mit dem Wasserkreislauf der ganzen Erde, ihrer Meere und Wolken verbunden bin. Die Nahrung, die ich aufnehme, von Pflanzen aus Sonnenlicht und Mineralien gebildet, die Kultur und Technik, deren ich mich ständig bediene – von Hunderten von Generationen der Menschheit vor mir erfunden und geschaffen. Jenseits meines Ich ist nicht nichts, sondern da sind unzählige Kräfte, denen ich mich verdanke und die für mich sorgen. Und wo sonst sollte ich neue Kräfte hernehmen als aus diesem unerschöpflichen Reservoir, das bis in die Tiefen des Alls reicht? Wildes Beten könnte zum Beispiel damit anfangen, sich dieses Kräftereservoirs bewusst zu werden, mit ihm Verbindung aufzunehmen. Und im seelisch-geistigen Reich ganz besonders. Unsere Seele wohnt ja nicht irgendwo im Bauch, auch wenn es eine gute Übung ist, über die Atmung und den Harapunkt Kontakt mit ihr aufzunehmen. Sie ist eher zu vergleichen mit einer Knospe am Lebensbaum, die durch ihn mit dem gesamten All verbunden ist. Die Inder haben dafür ein schönes Bild: das von Purusha, dem ursprünglichen, menschengestaltigen Gott, von dem jeder Einzelne so etwas wie ein holografisches Abbild ist. Woher sonst sendet unsere Seele uns Traumbilder, die abgründiger sind als unser Gedächtnis, weitreichender als ein intergalaktisches Raumschiff und kühner als alle bekannten religiösen Überlieferungen? Es ist, wie gesagt, eine Selbstamputation, wenn wir alle diese Botschaften nicht wahrnehmen wollen. Denn so erstaunlich sie auch sind, sie sind nie kollektiv, sondern immer individuell adressiert, an dieses eine einmalige Ich, das ich bin. Und wer oder was für dieses einmalige Ich heute und in dieser Situation den Namen Gott bekommt, ob eine Musik, eine Landschaft, ein Gesicht oder ein anderes Symbol kosmischer Energie, das kann und soll man vorher nicht festlegen wollen. Und es ist keine Herabsetzung seiner selbst, sondern im Gegenteil Zeichen dieser Verbindung, angesichts all dieser Wunder Staunen und Ehrfurcht zu empfinden. Eine uralte Gebetsgeste dafür ist zum Beispiel das aufrechte Stehen mit erhobenen und ausgebreiteten Armen. Wildes Beten meint jedenfalls auch dies: aufmerksam lauschen, hinsehen und sich öffnen für das, was sich mitteilen will.

Dabei bleibt wildes Beten nicht beim Wahrnehmen und Schweigen. Wildes Beten ist, wie schon angedeutet, auch darin wild, dass es die Aktion einschließt. Das kann Singen sein, das kann ein Tanz sein und jeder kreative Ausdruck. Das kann sich im Lieben äußern, einschließlich der Sexualität. Das kann sich auch im Wollen und Planen ausdrücken. Denn das Tun des Ichs ist wie das Ausatmen: Der Kosmos wartet auf unseren Impuls, er atmet uns ein, wie wir ihn einatmen.

Entscheidend dabei ist die Intensität. Nichts ist weiter entfernt vom wilden Beten als Gleichgültigkeit, Distanziertheit, und durch nichts sind wir weiter von uns selbst entfernt. Intensität ist – bei uns von Natur aus auch trägen Wesen, die auch Gewohnheitstiere sind und oft einfach faul – aber wohl nur durch Übung zu erreichen, durch eine gewisse Disziplin. Das klingt schon wieder nach Pflicht und Askese, denn leider sind alle Ausdrücke schon gebraucht und missbraucht worden. Beim wilden Beten geht es gerade darum, Rituale aus dem zu gestalten, wozu wir Lust haben und was wir ohnehin gern tun, weil wir uns dabei wohlfühlen. Und das dann eben intensiv, das heißt mit Konzentration und Nachdruck. Damit wir unsere seelischen, körperlichen und geistigen Organe, die wir nur noch wie Phantome an uns tragen, wieder zu gebrauchen lernen. So könnte aus dem »Ich kann nicht beten« zuletzt doch wieder ein »Ich lasse mir von niemandem vorschreiben, wie ich bete« werden. Und ein Tun.

Der Ursprung des Osterlachens
Wie Welt, Leben und Lust entstehen

Mit Staunen hören westeuropäische Christen vom Osterlachen der Ostkirche. Etwas so Lautes, Spontanes und
Unkontrolliertes können wir uns, schon gar in der Kirche, nicht vorstellen.

Wer nun dem Lachen in den Religionen der Menschheit nachspürt, entdeckt wieder Erstaunliches. Danach
gibt es enge Beziehungen zwischen dem Lachen und
dem Gebären, zwischen dem Lachen und der Wiedergeburt bei Initiationsriten und zwischen dem Lachen und
der Entstehung der Götter beziehungsweise der Welt.
Nicht zuletzt gibt es eine besondere Beziehung zwischen
dem Lachen und der Sexualität.

Im Mittelalter soll es in den Ostertagen Aufgabe der
Prediger gewesen sein, die Leute mit Witzen zum Lachen
zu reizen, weil eben Lachen und Ostern zusammengehören. Womöglich war aber das Lachen über einen ge-
lungenen Witz schon eine »heruntergekommene« Form
des Osterlachens, denn sein eigentlicher Grund ist natürlich die Auferstehung. Da die Auferstehung womöglich
noch unvorstellbarer ist als das Lachen in der Kirche,
kann eine nähere Betrachtung des Lachens in anderen
Religionen Auskunft über den Ursprung des Osterlachens geben und damit über den Auferstehungsglauben
der frühen Christen.

Erstens einmal gehören Lachen und Geburt in der Vorstellung vieler Völker zusammen. Bei den Jakuten in Sibirien erzählt man sich beispielsweise, dass während einer Entbindung die Göttin der Geburt zu Besuch kommt
und sich drei Tage lang lachend auf Pferdefellen herum-
rollt, bis das Kind geboren ist. Und wenn die Frauen sich
drei Tage danach bei der Wöchnerin versammeln, um zu

feiern, und eine der Frauen laut zu lachen anfängt, heißt es: »Du wurdest von der Göttin der Geburt besucht«, das heißt, sie wird als Nächste schwanger werden. Diese Erzählung erinnert an Sara, die Frau Abrahams. Abraham bekam Besuch von drei göttlichen Wesen, die ihm und seiner betagten Frau den ersehnten Sohn ankündigten. Sara lachte. Oft wird vermutet, sie habe über die göttliche Verheißung gelacht, aber vielleicht meint es umgekehrt, dass sie schwanger werden konnte, weil sie lachte.

Zweitens spielt das Lachen bei Initiationsriten eine Rolle, und zwar gibt es dabei sowohl ein Lach*verbot* als auch ein Lach*gebot*.

Initiations- oder Wiedergeburtsriten der Jungen wurden oft als eine symbolisch-rituelle Rückkehr in den Mutterbauch, also ein Sterben, und dann als eine Wiedergeburt gestaltet. Der Held Maori von den Maoris in Australien beispielsweise geht in Begleitung von zwei kleinen Vögeln auf den riesigen Mund der Großen Mutter zu, der ihn dort erwartet, wo Himmel und Erde sich berühren. Dabei ermahnt er die beiden kleinen Vögel, ja nicht zu lachen, während er in den Rachen des Ungeheuers hineingeht, das würde sonst seinen Tod ohne Wiederkehr bedeuten. Wenn die Jungen dagegen aus dem Ungeheuer herauskommen, das sie verschlungen hatte, müssen sie von selbst lachen, weil sie so verändert aussehen, oder die Umstehenden begrüßen lachend ihre Rückkehr ins Leben.

Drittens gehören das Lachen und der Anfang der Welt zusammen. In ägyptischen und griechischen Schriften der Antike findet sich die Aussage, dass Gott siebenmal lachte und dabei die sieben Gottheiten der Welt schuf. Alle diese Beispiele zeigen, wie Lachen und Leben, Lachen und Neugeburt oder Anfang der Welt zusammengehören. Der Triumph über den Tod, der darin mitschwingt, erklingt ähnlich in Osterliedern. Denn mit Ostern ist nicht nur der Tod überwunden, es beginnt mit Christus, dem »Erstgeborenen von den Toten«, auch die neue Schöpfung, die am Ende der Zeit vollendet sein

soll. Das Osterlachen begrüßt diesen neuen Schöpfungs-
morgen. Viertens endlich hat das Lachen aber noch einen
verwandelnden Sinn. Jeder weiß, dass Lachen die beste
Medizin ist, trotzdem ist ebenso bekannt, dass meistens
diejenigen am wenigsten zu lachen haben, die diese
Medizin am dringendsten brauchen. Lachen befreit diejenigen, die in Trauer versunken, in Groll verschlossen,
in Bitterkeit versteinert sind, von innen her. Psychologen
haben versucht, es als ein Entladungsphänomen zu beschreiben oder als eine Explosion des Lebens. Ebenso ist
bekannt, dass Lachen zwar ansteckend wirkt, dass es
aber nicht befohlen werden kann. Zu einem höflichen
Lächeln kann man sich allenfalls zwingen, nicht aber zu
einem echten Lachen. Erstaunlich ist nun, dass Mythen
und Märchen ein ziemlich sicheres Mittel wissen, wie
Leute, die nichts zu lachen haben oder nicht lachen
wollen, dazu gebracht werden können; sie verweisen auf
eine Kraft, die ebenfalls tief im Bauch ihre Wurzel hat,
auf die Sexualität. So erzählt man sich in Japan beispielsweise von der Sonnengöttin Ama Terasu, ihr Bruder
hatte sie tödlich beleidigt. Grollend zog sie sich in eine
Höhle zurück, um nie wieder daraus zu erscheinen. Das
hatte eine Katastrophe zur Folge, denn nun gab es keinen
Sonnenschein mehr. Da wanderte die Göttin der Freude
zu der einsamen Höhle und führte einen Tanz vor, bei
dem sie ihren Rock sehr hochhob und deutliche Anspielungen machte. Jedenfalls musste Ama Terasu lachen, kam heraus, und mit ihr kehrten die Sonne und das
Leben wieder. Ähnliches erzählt man sich von der kreti-
schen Getreide- und Muttergöttin Demeter, die um ihre
Tochter Kore trauerte. Hades, der Herr der Unterwelt,
hatte sie in sein Reich entführt, und Demeter suchte sie
vergebens. Derweil verödete die ganze Erde. Denn Demeter war zu einer *agelastos* geworden, zu einer, die nicht
lachen kann. Eines Tages kam sie auf ihrer Wanderung
zum Haus der Bäuerin Baubo. Als diese erdverbundene
Frau die trauernde Göttin sah, hob sie ihren Rock hoch

und zeigte der Göttin, was darunter ist. Diese deftige Demonstration brachte Demeter zum Lachen, und die Natur begann wieder zu grünen.

Die Mythen zeigen, wie wichtig es ist, dass insbesondere weibliche Wesen etwas zu lachen haben, sonst geht das Leben nicht weiter, sonst kann die Sonne nicht scheinen, das Getreide nicht sprießen, kein Kind geboren werden.

Mehrere Märchen schildern die Folgen für das ganze Land, wenn die einzige Tochter des Königs niemals lacht und es auch nicht kann. Über alles legt sich ein Schleier der Schwermut und der Trauer.

In dem Märchen »Die goldene Gans« schenkt eine anscheinend arme alte Frau einem jungen Mann eine Gans. Die Gans ist Symbol der Göttin Aphrodite, Herrin der Liebe und Sexualität. Alle, die die Gans anfassen, bleiben an ihr hängen. Erst wollen die drei Töchter des Wirts eine Feder von der schönen Gans und kommen nicht mehr los. Als der junge Mann mit der Gans und den Mädchen daran weiterzieht, empört sich der Pfarrer über sie und will die Mädchen auf den Weg der Tugend zurückziehen, stattdessen bleibt auch er hängen. Der Küster wieder will den Pfarrer von den Mädchen fortholen und bleibt selbst auch kleben. So geht es weiter, und als diese Prozession der traurigen Prinzessin vor die Augen kommt, muss sie laut und herzlich lachen.

Es ist offensichtlich, dass Liebe und Sexualität etwas Anziehendes haben und dass gerade auch die Moralisten an ihr kleben bleiben, die sie bekämpfen.

Wenn die Sexualität nach Auskunft der Mythen und Märchen das sicherste Mittel ist, um Leute, die nichts zu lachen haben, doch zum Lachen und damit ins Leben zurückzubringen, wird verständlich, warum aus unseren Kirchen das Lachen, selbst das Osterlachen, ausgewandert ist. Denn sexuelle Lust scheint zum christlichen Glauben überhaupt nicht zu passen. Auch darin ist die Ostkirche anders, denn da wird Ostern als Hochzeit begangen.

In einem Osterhymnus zum Beispiel werden die Frauen, besonders die Tochter Zion, aufgefordert:

»Freue dich, tanze im Reigen,
und jauchze, Jerusalem,
Christus schauend, den König: Wie ein
Bräutigam tritt er hervor aus dem Grab.«

Dieses wenn schon nicht sexuelle so doch zumindest erotische Verhältnis zu Christus ist sicher die angenehmste Weise, zum Osterlachen befreit zu werden, zu jener spontanen Entladung neuer Lebensenergie, die Geburt, Wiedergeburt, neue Schöpfung und Lust mit sich bringt.

In der Liturgie der Ostkirche werden die Gläubigen mehrfach aufgerufen:

»Eilen lasst uns, Lichter tragend, Christus entgegen,
der wie ein Bräutigam aus dem Grabe hervorgeht,
und mit den Scharen der die Feste Liebenden
lasset uns feiern Gottes errettendes Pascha.«

Die Eucharistie wird zur Hochzeitstafel. Ernst Benz schreibt dazu: »Dieses Wunder der Begegnung der Gemeinschaft der Getauften mit dem auferstandenen Herrn bei der Fortsetzung des von ihm selbst begonnenen messianischen Hochzeitsmahles über dem Brotbrechen ist der eigentliche schöpferische Mittelpunkt der ostkirchlichen Liturgie; was die Gemeinde hierbei erfährt, ist im Grunde nichts anderes als die Fortsetzung der Erscheinungen des Auferstandenen in ihrer Mitte.«

Die religiöse Glut der frühen Christen, wie sie sich in der Ostkirche und ihrer Liturgie bis in die Gegenwart erhalten hat, ist dem westlichen Menschen fremd geworden. Das bedeutet aber keineswegs, dass die Themen verloren wären. Wir im Westen suchen die Auferstehung nicht so sehr in der Liturgie, sondern viel dringlicher im Alltag, mitten im Leben. So wie Marie Luise Kaschnitz es in ihrem Gedicht »Auferstehung« andeutet:

Manchmal stehen wir auf
Stehen wir zur Auferstehung auf
Mitten am Tage
Mit unserem lebendigen Haar
Mit unserer atmenden Haut.

Nur das Gewohnte ist um uns.
Keine Fata Morgana von Palmen
Mit weidenden Löwen
Und sanften Wölfen.
Die Weckuhren hören nicht auf zu ticken
Ihre Leuchtzeiger löschen nicht aus.

Und dennoch leicht
Und dennoch unverwundbar
Geordnet in geheimnisvoller Ordnung
Vorweggenommen in ein Haus aus Licht.

Solche seltenen Augenblicke des reinen Seins mitten in
einer Welt der Vergänglichkeit sind kostbar und können
viele Jahre des Lebens überstrahlen. Aber Ostern, und mit
ihm das Osterlachen, meint eine Rückkehr des Lebens,
das der Vernichtung trotzt, ein Lachen, das geradezu als
eine Explosion des Lebens bezeichnet werden kann.

Ein Beispiel dafür, das völlig unreligiös klingt, erzählt
der Psychotherapeut Paul Watzlawick: »Eine erfahrene,
intelligente Abteilungsleiterin, die es gewohnt war, ihre
eigenen Entscheidungen zu treffen, hatte zunehmend
Schwierigkeiten mit einem ihrer Vorgesetzten. So, wie sie
selbst den Konflikt beschrieb, machte ihr unabhängiger
und energischer *modus operandi* diesen Mann sowohl är-
gerlich als auch unsicher, so dass er kaum eine Gelegenheit vorbeigehen ließ, sie, besonders in Anwesenheit
dritter, herunterzumachen. Dies empörte sie so, dass sie
ihm gegenüber eine noch distanziertere und herablas-
sendere Haltung einnahm, auf die er wiederum mit
mehr derselben Geringschätzung reagierte und damit
den Teufelskreis ihres Spiels ohne Ende schloss. Der

Konflikt hatte sich anscheinend zu dem Punkt gesteigert, wo er entschlossen war, ihre Versetzung oder Entlassung zu beantragen, und sie zu kündigen plante, um ihr auch darin zuvorzukommen.«

So schildert Watzlawick das nur zu alltägliche Problem, um dann seine Therapiemethode mitzuteilen, die mit üblichen psychoanalytischen Verfahren keinerlei Ähnlichkeit hat, sondern eher an die Gans des Märchens erinnert.

Er erzählt: »Ohne der Frau die Gründe dafür zu erklären, wurde ihr nahegelegt, den nächsten Zwischenfall (mit ihrem Chef) abzuwarten, dann die erste Gelegenheit zu benützen, dem Vorgesetzten unter vier Augen und mit sichtlicher Verlegenheit ungefähr folgendes mitzuteilen: ›Ich wollte Ihnen das schon längst sagen, aber ich weiß einfach nicht, wie ich es sagen soll – es ist etwas Verrücktes, aber wenn Sie mich behandeln, wie Sie es eben wieder taten, dann erregt mich das, ich weiß nicht wieso, vielleicht hat das etwas mit meinem Vater zu tun‹, und sein Büro dann fluchtartig zu verlassen. Zuerst war sie in ihrer Prüderie (die ohnehin ihre Beziehungen zu Männern wesentlich behinderte) über diesen Plan entsetzt, dann aber begann sie, sich dafür zu erwärmen, und schließlich fand sie die Idee so erheiternd, dass sie es kaum erwarten konnte, sie auszuprobieren. Als sie aber zu ihrer nächsten Sprechstunde kam, konnte sie nur berichten, dass sich keine Gelegenheit ergeben hatte, da das Verhalten ihres Chefs sich buchstäblich über Nacht geändert hatte und er seitdem höflich und sehr verträglich war.«

Watzlawick ist sich wohl bewusst, wie unglaublich eine solche Geschichte wirkt, und fügt daher hinzu: »Wenn ein Beweis dafür nötig wäre, dass die Wirklichkeit das ist, was wir wirklich nennen, so könnte diese Form einer Lösung dazu beitragen. Streng genommen hatte sich in dem Sinne nichts ›wirklich‹ verändert, als keine konkrete Kommunikation oder Handlung zwischen den beiden Personen stattgefunden hatte.

Was aber diese Art von Lösungen so wirkungsvoll macht, ist das Bewusstsein, dass man nun auf eine andere Weise mit einer bisher bedrohlichen Situation fertig werden kann.

Dieses Wissen bringt eine neue Art des Auftretens mit sich, die sich durch die mannigfaltigen und subtilen Kanäle menschlicher Kommunikation ausdrückt und die zwischenpersönliche Wirklichkeit in der gewünschten Weise verändert, auch wenn die Verhaltensverschreibung niemals ausgeführt wird.«

Watzlawick hebt hervor, was so schwer zu begreifen und zugleich so grundlegend ist: Die Welt ist nicht, wie sie ist, sondern so, wie ich sie und mich selbst darin wahrnehme. Jene erbitterte Abteilungsleiterin machte durch die Verhaltensverschreibung ihres Therapeuten eine erstaunliche Wandlung durch: Erst war sie entsetzt von der Vorstellung, dem verhassten und gefürchteten Chef ein erotisch gefärbtes Geständnis machen zu sollen, schließlich aber erwärmte sie sich dafür und wurde dabei heiter. Von erbittert bis heiter ist ein langer Weg, aber hier ereignete sich diese Wandlung wie von selbst, allein durch die Vorstellung.

Als noch größeres Wunder mutet die Änderung im Verhalten ihres Chefs an. Das wirkt fast wie Magie, aber was Watzlawick von den »mannigfaltigen und subtilen Kanälen menschlicher Kommunikation« sagt, lässt wieder ahnen, dass nicht nur unsere Worte, sondern unsere Haltung, unsere Gesten, ja womöglich sogar unser Geruch unserem Gegenüber mehr vermitteln, als uns bewusst wird. Die Abteilungsleiterin hat nicht laut gelacht, sie war aber von innen her erwärmt und erheitert durch eine erotisch-sexuelle Fantasie – und das genügte, um einen Machtkampf zwischen ihr und ihrem Chef einfach überflüssig zu machen.

Die »Verhaltensverschreibung« Paul Watzlawicks wirft auch ein Licht auf die Osterfeiern der Christen. Ihr innerer Sinn ist eben der, das Bewusstsein dafür wachzurufen, dass man »nun auf eine andere Weise als bisher mit einer bedrohlichen Situation fertig werden« kann.

Ob diese bedrohliche Situation der eigene Tod ist oder etwas anderes, ist nicht entscheidend. Ausschlaggebend ist, dass durch die Feier und Verinnerlichung des Ostergeschehens jene Heiterkeit aufkommt, die der ganzen Welt ein anderes Gesicht verleiht. Bei diesem Vorgang sind, wie die Mythen und Märchen sagen, Geburt, Wiedergeburt, Weltschöpfung und Sexualität im Lachen vereint.

Ein anderes Beispiel ähnlicher Art soll das anschaulich machen, es wurde von der Psychologin Marie-Louise von Franz erzählt:

Eine Studentin hatte zur Vermieterin eine alte Frau, die für ihre Bösartigkeit berüchtigt war und sie auch entsprechend schikanierte. Ihr Haus stand am Fluss, und es war vereinbart worden, dass die Untermieterin jederzeit baden durfte. An einem heißen Sommertag aber verbot die Vermieterin der Studentin das Baden ohne ersichtlichen Grund. Die Studentin war wütend, sagte aber nichts, sondern zog sich auf ihr Zimmer zurück. Aber sie fand dort keine Ruhe. »Wie Sie wissen«, meinte Marie-Louise von Franz, » sind solche Affekte sehr unrentabel und erschöpfend, und dass man ›Recht hat‹, hindert nicht, dass einen die eigene Wut ›auffrisst‹.« – In dieser emotionalen Verfassung unternahm die Studentin eine Fantasiereise, auch »aktive Imagination« genannt. »Sie sah den Fluss mit einem Schild darin: ›Baden verboten‹, und hohe Wellen darum herum. Die Wellen teilten sich und heraus kam ein circa 80 cm hoher froschartiger schwarzer Gnom. Der Gnom patschte auf Froschfüßen auf das Haus zu und sie dachte voll Schreck: ›O Gott, sicher will er die Alte ermorden, oder plötzlich explodiert er vielleicht wie ein Paket Dynamit‹. Sie beschloss, den Gnom, der an der Tür läutete, einzulassen und ihn zu fragen, was er wollte. Er deutete sogleich mit Gesten, er wolle zu der alten Frau hinauf. Die Studentin beschloss hierauf zwar, an der Wohnung der Frau zu läuten, aber neben dem Gnom stehen zu bleiben, um ihn an seiner eventuellen Untat zu hindern. Die Alte nahte, um die Tür zu öffnen. Die Studentin sagte: ›Dieser Herr möchte mit Ihnen sprechen.‹ Verlegen bat die Alte die beiden in ihre gute Stube. Als nun die beiden nebeneinander auf einem Plüschsofa der Alten gegenüber Platz genommen hatten, begann der Zwerg, der Frau zweideutige erotische Witze zu erzählen, die sie so sehr erfreuten, dass sie die Studentin fortschickte, um mit dem netten ›Herrn‹ allein zu sein.

Die Studentin tauchte aus dieser Fantasie in einer vergnügten Stimmung wieder ins Bewusstsein auf. Als sie gegen Abend der alten Zimmervermieterin auf der Treppe begegnete, musste sie in Gedanken an die Geschichte lächeln. Und nun eine weitere unerwartete Wirkung: die alte Frau war objektiv wie verwandelt. Bis zu ihrem Tode plagte sie die Studentin kein einziges Mal mehr.« So weit der Bericht von Marie-Louise von Franz über die Wirksamkeit der aktiven Imagination. Auch hier also wieder der eigentümliche Zusammenklang von erotischen Anspielungen und ihrer zur Heiterkeit wendenden Wirkung. Auch hier wieder die unglaubliche Doppelwirkung einer bloßen Fantasie:

Sowohl die Studentin als auch die alte Frau waren verwandelt.

Auch hier hatte sich in der Studentin Wut in Lächeln gekehrt, und durch die »mannigfaltigen und subtilen Kanäle menschlicher Kommunikation« hat sich das Lächeln der Studentin der alten Frau mitgeteilt, noch dazu mit dauernder Wirkung.

Das hört sich an wie Hexerei oder Magie und ist doch eben dieselbe Kraft wie das Osterlachen. Es zeigt nochmals: Wie ich die Welt wahrnehme und deute, so werde ich sie finden. Von Karfreitag und Karsamstag her sieht sie anders aus als vom Ostermorgen her. Der Auferstehungsglaube nimmt sich das Recht heraus, die ganze Welt lachend umzudeuten – aus einer Welt des Schreckens, der Gewalt und des Todes in eine Welt, die auf

Leben, Friede und Vollendung zugeht, ja auf Schönheit. Paul Watzlawick würde das die »sanfte Kunst des Umdeutens« nennen oder die »Bellac-Technik«.

Mit der »Bellac-Technik« erinnert er an ein Bühnenstück von Jean Giraudoux, »Der Apoll von Bellac«. Im Mittelpunkt dieses Stücks steht Agnès, ein scheues junges Mädchen, das sich um eine Stelle beworben hat und nun im Vorzimmer der Firma nervös auf sein Vorstellungsgespräch wartet. In dem Vorzimmer sitzt auch ein junger Mann, der, »als er von ihrer Angst vor dem Interview erfährt, ihr erklärt, dass die einfachste Art, mit Menschen umzugehen, darin besteht, ihnen zu sagen, dass sie schön sind. Zuerst ist sie über die scheinbare Unehrlichkeit seines Rates schockiert. Es gelingt ihm aber, sie zu überzeugen, dass deswegen keine Unehrlichkeit vorliegt, da jemandem zu sagen, dass er schön ist, ihn auch tatsächlich schön macht. Sie folgt seinem Rat und hat sofort Erfolg mit dem mürrischen Bürovorsteher, dann mit dem hochnäsigen Vizepräsidenten und mit den Direktoren. Schließlich kommt der Präsident aus seinem Büro gestürmt: ›Wie haben Sie das nur angestellt, Mademoiselle Agnès? Bis heute verkam dieses Haus, das unter meiner Leitung steht, in Trübsal, in Trägheit und Dreck. Sie haben es kaum betreten, und schon erkenne ich es nicht wieder. Mein Türsteher ist dermaßen höflich geworden, dass er sogar seinen eigenen Schatten an der Wand grüßt.‹ Auch der Präsident wird zu einem anderen Menschen, sobald Agnès ihm sagt, dass er schön ist. Etwas später, in Anwesenheit seiner streitsüchtigen Frau Thérèse, kommt er zu der Schlussfolgerung: Wenn man anderen Menschen sagt, dass sie schön sind, macht einen das selbst schön. Er sagt: ›Hör zu, Thérèse … Diese junge Frau sagt mir, dass ich schön bin. Weil sie nämlich selbst schön ist. Du sagst mir fortwährend, ich sei hässlich. Warum?‹

»Was Giraudoux hier entwirft«, erläutert Watzlawick, »ist das Gegenteil jener zwischenpersönlichen Teufelskreise, in denen das eigene Hässliche Hässliches im anderen hervorruft und so auf sich selbst zurückwirft. Giraudoux zeigt auch, wenngleich mit der dichterischen Freiheit der Vereinfachung, dass es unter Umständen nur einer ganz kleinen anfänglichen Veränderung bedarf, um den Wandel der Gesamtsituation herbeizuführen.« Diese »kleine anfängliche Veränderung« hat jener junge Mann im Vorzimmer herbeigeführt, der der schüchternen Agnès den Rat oder die Verhaltensverschreibung gab, jedem zu sagen, dass er schön sei. Dieser junge Mann war nach Giraudoux kein anderer als der Gott Apoll, selbst Inbegriff des Schönen.

Für Christen ist natürlich kein anderer als der Auferstandene jener anfängliche Veränderer. Er tritt nach den Ostererzählungen mitten hinein in die Vorzimmer, in denen Frauen und Männer vor den Mächtigen zittern, und gibt ihnen ein neues Wort ein, jenes alles verändernde kleine Wort, das sie selbst und dann diejenigen verwandeln kann, mit denen sie zu tun bekommen.

»Gott ist die Kraft in unseren Beziehungen«, hat die amerikanische Theologin Carter Heyward gesagt und damit eine ganz neue Umschreibung für Gott gefunden. Nach dem Drama von Giraudoux wäre Gott jenes Wort: »Du bist schön«, das sowohl den schön macht und mit neuer Selbstachtung erfüllt, zu dem es gesagt wird, als auch den, der es ausspricht – also eine Kraft in der Beziehung. Es ist demnach im besten Sinne »Christus-Technik«, wenn die Liturgie die Gläubigen der Ostkirche aufruft: »Freue dich, tanze im Reigen und jauchze, Jerusalem, Christus schauend, den König, wie ein Bräutigam tritt er hervor aus dem Grab.« Denn dieser Bräutigam, der aus dem Grab kommt, sagt seiner Braut: »Du bist schön«, und das mag ihr wohl als ein Witz vorkommen, der sie zum Lachen bringt und zugleich verschönt.

Nichts anderes ist mit Ostern gemeint als dies, dass uns jemand sagt, dass wir schön seien, und zugleich dazu ermächtigt, das auch anderen zu sagen, so dass sie darüber schön werden.

Es muss auch ein Erlöser in uns sein

Kindheitsschicksal und Erwählung

Schon immer hat der Mensch versucht, sein Schicksal zu ergründen. Schlägt es blind zu oder steht ein sehender Wille dahinter, ein göttlicher Plan? Messen die Sterne am Himmel ihm sein Leid und seine Freuden zu, oder wachsen Tränen und Glück aus den Tiefen der Erde, aus dunklen Trieben? Sind es die Gene, das Erbe unserer Ahnen, das uns unausweichlich prägt und bestimmt, oder ist es die Zivilisation, sind es Milieu und Erziehung, die uns unsere Chancen einräumen oder sie uns verweigern? Sind wir Spielball unbeherrschbarer Schicksalsmächte oder selbst unseres Glückes Schmied? Haben wir, so heute viele esoterische Lehren, einem jenseitigen Selbsterziehungsprogramm folgend, unser Schicksal selbst ausgewählt, die Zeit, die Kultur, die Eltern, die Hindernisse und Schwierigkeiten? Und wie passen zu dieser Lehre die Beobachtungen jener, die unser Schicksal aus der Perspektive unserer Ahnen betrachten? Sie legen an eindrucksvollen Beispielen dar, dass wir nicht nur unsere Augenpartie von der Großmutter, die Nase vom Onkel, die Kinn- und Mundpartie vom Großvater geerbt haben, sondern dass unser Lebensverlauf, die Zeiten der Krise und Krankheit, die frühe oder verspätete Bindung einem vorherbestimmten Muster folgen, bis ins Detail nachahmend, was unsere Großmutter oder unser Großvater erlebt und erlitten haben. Von Freiheit und eigener Lebensgestaltung keine Spur. Ob wir es wissen oder nicht, folgen wir einer Bahn, die längst vor uns gelegt worden ist. Noch beklemmender die Nachricht, dass wir unser Leben damit zubringen müssen, die Aufträge unserer Ahnen zu erfüllen, ihre Fragen zu beantworten, die Probleme aufzuarbeiten, deren Lösung sie an uns delegiert haben, die Schuld zu sühnen, die sie begangen, die Wünsche zu erfüllen, die sie sich versagt haben, die Geheimnisse zu ergründen, die sie vor uns verborgen gehalten haben. Und das nicht nur auf politisch-gesellschaftlicher Ebene, sondern noch viel subtiler, individueller, bis in die feinsten Verästelungen des Gefühlslebens hinein. Kinder werden psychisch in die finsteren Keller ihrer Eltern hineingeboren, dorthinein, wo alle ungelösten inneren Konflikte, eigene und solche, die von den Ahnen her dort lauern, auf sie warten. Dunkle Familiengeheimnisse, unsinnige, lebensfeindliche Botschaften können gleich Gespenstern das ganze Leben eines Menschen überschatten, denn es gehört schon die Hellsichtigkeit dafür besonders begabter Psychotherapeuten dazu, um zu erkennen, was einer an eigener und was an fremder, ihm von den Ahnen aufgebürdeter Problematik mit sich herumschleppt. Dabei scheint es nicht Bosheit zu sein, wenn unsere Ahnen ihre Konflikte an uns delegiert haben. Es waren wohl oft genug Not, Scham und Schuld. Zu schwer die Lasten und zu kurz die Lebenszeit, um damit fertig zu werden. Und wie das Meiste davon unbewusst verläuft, so auch die Delegierung an die Nachkommen. Desgleichen ist also ein Teil des Schicksals, an uns geschickt aus der Vergangenheit, von den Toten, die bange darauf warten, dass ihre Not erkannt, ihre Wunde geheilt wird. Unheimlich dieser Auftrag, und er müsste als völlig irreal abgewiesen werden, hätte die Tiefenpsychologie nicht nachgewiesen, dass unsere individuelle Psyche tatsächlich hineinverwoben ist in ein Netz, das jenseits von Zeit und Raum reicht und uns mit unseren Ahnen, unserem Volk, ja der gesamten Vergangenheit der Menschheit verbindet. Seine Entsprechung findet dies in der rätselhaften Erzählung, Jesus sei nach seinem Tod hinabgestiegen in das Reich der Toten, um auch ihnen das Evangelium zu verkünden. Ikonen zeigen ihn als den von Licht umhüllten Sieger, der aus einer finsteren Höhle des Totenreiches Adam und Eva herausführt, stellvertretend für die gesamte Menschheit. Was in der Jetztzeit, in der Gegenwart an Erlösendem geschieht, muss von einer Qualität sein, die auch vergangene Generationen erreicht und heilt. Sonst ist nichts Gründliches geschehen, sonst ist der Knoten nicht gelöst und was in der Tiefe festgehalten wurde nicht befreit. Nimmt man diese Auskunft ernst, bleibt dem Einzelnen keine Wahl: Er wird an den Fesseln, die ihm auferlegt wurden, im Laufe seines Lebens ersticken und zugrunde gehen, oder er ist ein Entfesselungskünstler, kann sich und damit auch seine Vorfahren von den Ketten befreien.

Von Kindern werden tatsächlich solche Wunder erwartet. Und, und das ist das Erstaunliche, hin und wieder auch vollbracht. Das ist nur möglich, weil jedem, der das Licht der Welt erblickt, auch etwas vom jenseitigen Licht mitgegeben ist, von jener segnenden, heilenden Kraft, die Verdorbenes reinigen und Festgefahrenes in Fluss bringen kann. Denn das heißt erlösen: wirken, was Regen und Quellwasser vermögen: Eis auftauen und wegspülen, Trockenes befeuchten und fruchtbar machen, Schlamm und Geröll, die das Fließen behindern, überwinden – mit einem Wort: den Lebensstrom, der versiegt oder gestaut war, wieder zum Strömen bringen.

In der griechischen Mythologie ist Dionysos ein Bild für diesen Löser: Seine Geburt wird am Beginn der winterlichen Regenzeit, im Januar, gefeiert. Er wurde als Schlange geboren, denn alle unterirdischen Gewässer verstand man als Schlangen, und die Quellen galten als Kopf der Schlange. Auch sie begannen mit dem Regen wieder zu sprudeln. Dionysos scheint neben seiner Nähe zum Wein vor allem ein Gott der Wassertiefe gewesen zu sein. Seine Geburt wird von Nymphen, seinen »Ammen«, durch Gesang herbeigerufen und jubelnd und tanzend begrüßt. Etwas Erregendes, Überraschendes und Beunruhigendes geht von seinem Erscheinen aus. Walter F. Otto schreibt:

»Die mit Jubelschreien begrüßte Erscheinungsform dieser Wahrheit ist der rasende, alles überflutende Le-

bensstrom, der aus den mütterlichen Tiefen empor-
dringt. Im Mythos und im Erlebnis der erschütterten
Gemüter sprudeln, wenn Dionysos da ist, nährende, be-
rauschende Quellen aus dem Erdboden. Alles Verschlos-
sene öffnet sich. Fremdes und Feindliches verträgt sich in
wunderbarer Eintracht. Uralte Regeln haben plötzlich
ihr Recht verloren … ›Es strömt von Milch der Boden,
strömt vom Weine, strömt vom Nektar der Bienen, und
ein Wogen ist in der Luft wie von syrischem Weihrauch‹
(Eur. Bacch. 141).«

Dieses Fließen und Strömen heißt im Umgang der
Menschen: vergeben und versöhnen. Erst auf dem Hintergrund des dionysischen Bildes wird deutlich, dass es
sich dabei nicht nur um eine moralische, sondern um
eine schöpferische Angelegenheit handelt. Wo Hass und
Rache regieren, Verbitterung über erlittenes Unrecht,
Selbstverdammung und unüberwindliche Scham, dort
ist kaum noch Bewegung möglich, dort ist vieles festge-
zurrt, anscheinend unverrückbar und tabuisiert. Das Leben kann nicht strömen. Das Erscheinen des Dionysos,
seine Feste im Jahreskreis, hatten in der antiken Welt re-
volutionäre Züge, allenfalls mit den Zeiten des Faschings
und des Karnevals zu vergleichen: Er setzte den Abstand
von oben und unten außer Kraft, die Regeln des An-
stands, die feinen Sitten, ja sogar die Grenzen zwischen
den Lebenden und den Toten. Und wo so viel in Bewegung kommt, wird auch der Müll der Vergangenheit
fortgespült, da werden die Jungen von Altlasten frei, und
da sind die Toten eingeladen, am Festmahl der Lebenden
teilzunehmen.

Nun stellt sich die Frage, ob diese Möglichkeit an kon-
kreten Lebensbeispielen überprüfbar ist. Dem steht
natürlich entgegen, dass niemand die Kindheitsge-
schichte eines anderen wirklich kennt; und selbst dann,
wenn er davon einiges weiß, noch nicht wissen kann,
welche dunklen Schatten, die das Kind bedrängt haben,
eher von den Eltern, von der Umwelt oder von längst to-

ten Ahnen herrührten. Die eigene Kindheit ist bei den meisten in den Nebel des Nichtmehrwissens gehüllt. Unsere Kenntnis solcher Zusammenhänge wird daher meistens oberflächlich bleiben. Psychotherapeuten, die sich während einer Analyse intensiv mit der Leidensgeschichte eines Menschen von seiner Kindheit an beschäftigen, äußern aber immer wieder ihr Erstaunen darüber, dass ihre Patienten ihr schweres Schicksal überhaupt überlebt haben und nun sogar noch Kräfte der Heilung in sich entdecken.

Ich nenne für dieses Wunder ein paar Beispiele aus unseren Tagen, wie ich sie teils gelesen und gehört, teils aus der Nähe kennengelernt habe.

- Tanjas Eltern waren beide schwer gestörte Menschen. Der Vater Alkoholiker, die Mutter schizophren. Von Kind auf fühlte das Mädchen sich dazu berufen, sie zu verstehen und ihnen zu helfen. Heute ist sie in einem therapeutischen Beruf tätig.
- Marie wurde in eine Familie hineingeboren, in der sozialer Abstieg, Verarmung und Verbitterung im Vordergrund standen. Ihr Vater verprügelte sie ohne ersichtlichen Grund, einfach aus Verzweiflung. Marie widmet ihr ganzes Leben als Malerin und Schriftstellerin der Aufhellung und dem Verstehen der dunklen Bindungen, in die sie hineingeboren worden ist.
- Lores Kindheit war vom Krieg überschattet: kein Schutz von Vater und Staat, sondern Vertreibung und Flucht aus dem Osten. Sie und ihre Geschwister schwammen neben der Mutter durch die eiskalte Elbe. Ein Bruder ging verloren; und es gab auch dann kein Ankommen, keine Heimat. Sie blieb ein armes Flüchtlingskind. Lore hat ihr ganzes Leben dem Wohlergehen ihrer sechs eigenen Kindern und eines siebenten gewidmet, das sie angenommen hat, und auch in ihrem Beruf als Schriftstellerin und Therapeutin steht das Wohl des Kindes im Mittelpunkt.

- Gregor hat beide Eltern verloren, als er noch ein kleines Kind war. Erst starb die Mutter, ein Jahr darauf der Vater. Das Waisenkind suchte seinen Weg mutterseelenallein und hat erst als Erwachsener erfahren, dass er intuitiv die Ideale seiner Eltern zu seinen eigenen gemacht und sie mit mehr Erfolg als sie vertreten hat.

- Martin kennt seinen Vater nicht, und auch seine Mutter hat ihn nicht gewollt. Als ihre Abtreibungsversuche fehlschlugen, hat sie ihn nach der Entbindung in einem Heim gelassen. Es hat nicht viel gefehlt, und man hätte ihn als dumm und schwächlich aufgegeben. Bis das Wunder geschah, dass er die Musik entdeckte und mit ihr jene Kraft, mit der er sich selbst heilte und heute andere zu erfreuen und zu heilen unternimmt.

- Bärbel weiß nicht, wer ihre Mutter, und noch weniger, wer ihr Vater ist. Irgendwann und -wo auf der Flucht hat ihre Mutter sie in einer Klinik geboren und dort gelassen. Bärbel ist heute Frauenbeauftragte in einer Stadt. Ihre klare, energische und dabei einfühlsame Art macht sie zum Vorbild, an dem sich die Frauen in ihrem Wirkungskreis aufrichten.

- Martin Gray verlebte seine Kindheit im Warschauer Ghetto. Er hat früh gelernt, durch Mauerlücken zu kriechen, um für sich und seine Geschwister etwas Essbares aufzutreiben. Seine Autobiographie »Der Schrei nach Leben« ist in Frankreich zu einem Bestseller geworden, durch den andere Lebensmut gewinnen.

- Der kanadische Indianer Jim wurde, noch ein Wickelkind, seiner Mutter entführt. Bis 1994 war es in Kanada noch üblich, Indianern die Kinder wegzunehmen, um sie von Weißen erziehen zu lassen. Jims weiteres Kindheitsschicksal war es, sexuell missbraucht und misshandelt zu werden. Er lief schließlich davon und landete auf der Straße. Alkohol, Drogen, Ruin. Mit 25 Jahren war er so weit, sterben zu wollen. Da besann er sich auf seine indianische Herkunft und ihre Werte. Heute ist er Lehrer für indianische Kultur.

Vielleicht will jemand gegen die erzählten Beispiele einwenden, hier werde zu krass schwarzweiß gezeichnet. Die Kindheitsbeispiele seien zu grausig, und was aus den Menschen geworden ist, sei zu ideal oder ein Zufall. Tatsächlich ließen sich aber Millionen unbeschreiblich schrecklicher Kindheitsschicksale aus Vergangenheit und Gegenwart anführen, die ähnlich grausam gewesen sind. Was das angeht, zeichnet sich, wenn nicht das Schicksal, so doch die Gesellschaft der Erwachsenen durch Blindheit aus. Das vorgebliche Paradies der Kindheit ist meistens eine Hölle. Alice Miller beschreibt diese Hölle:

»Es ist seit Jahrtausenden üblich und erlaubt, dass Kinder zur Befriedigung verschiedener Bedürfnisse gebraucht werden. Sie sind billige Arbeitskräfte, sie eignen sich zur Entladung aufgestauter Affekte, als Container für ungewollte eigene Gefühle, als Projektionsscheiben der eigenen Konflikte und Ängste, als Prothesen für das angeschlagene Selbstwertgefühl, als Quelle der eigenen Macht und Lust.«

Und sie sagt zu diesem Kindesmissbrauch:

»Das Kind ist immer unschuldig.« – »Die Gesellschaft steht auf der Seite des Erwachsenen und beschuldigt das Kind für das, was ihm angetan worden ist. – Die Tatsache der Opferung des Kindes wird nach wie vor geleugnet. – Die Folgen dieser Opferung werden daher übersehen. – Das von der Gesellschaft allein gelassene Kind hat keine andere Wahl, als das Trauma zu verdrängen und den Täter zu idealisieren.«

Der Darstellung dieser Situation ist nichts Beschönigendes hinzuzufügen, jede und jeder kann um die Wunden wissen, die ihm als Kind beigebracht worden sind. Nur gibt es offenbar doch noch eine dritte Option für das Kind: Es bleibt ihm nicht nur die Wahl zwischen Verdrängung des Erlittenen und Idealisierung des Täters, es kann, und das ist allerdings als Wunder zu verstehen, auch – zum Erlöser werden. Damit ist nicht ein Erlöser im Sinne der Größe und Bedeutung Christi gemeint, sehr wohl aber ein Erlöser in dem Sinne, dass ein Mensch in seinem persönlichen Umkreis die Welt heller, wärmer und lebendiger macht, wie in den geschilderten Beispielen angedeutet war.

Wenn den verratenen und verkauften Kindern das Wunder gelingt, als Erwachsene lösend und erlösend zu wirken, sich selbst zu heilen und die, mit denen sie zu tun bekommen, dann mutet das, wie gesagt, wie ein Wunder an. Und ein mythisches Bild für diese Wunderkraft ist das göttliche Kind. Das göttliche Kind, wie es zu Weihnachten angebetet wird. Dieses göttliche Kind ist nicht zu verwechseln mit einem natürlichen Menschenkind. Und das ist ein Trost: Es ist Symbol für eine phänomenal starke seelische Energie, die im jungen wie im alten Menschen aufbrechen kann. In ihm manifestiert sich ursprüngliche, göttliche Schöpfungsenergie. Von Dionysos und seiner Wirkung war schon die Rede. Er ist ein solches göttliches Kind, und neben ihm gibt es in allen Völkern und Kulturen Mythen und Erzählungen, Märchen und Wundergeschichten von göttlichen Kindern. Mit ihrem Erscheinen verbindet sich die Hoffnung auf Erneuerung und Rettung, auf Heilung und Gerechtigkeit für Mensch und Natur. In der Bibel heißt es:

»Ein Kind ist uns geboren, ein Sohn ist uns gegeben, und die Herrschaft kommt auf seine Schulter, und er wird genannt: Wunderrat, starker Gott, Ewigvater, Friedefürst. Groß wird die Herrschaft sein und des Friedens kein Ende auf dem Throne Davids und über seinem Königsreiche, da er es festigt und stützt durch Recht und Gerechtigkeit von nun an bis in Ewigkeit« (Jes 9,5 f.).

Während hier die Hoffnung auf Gerechtigkeit im Mittelpunkt steht, so im folgenden biblischen Hymnus auf das göttliche Kind die Hoffnung auf Heilung und Vergebung:

»Du, Kindlein, wirst ein Prophet des Höchsten genannt werden, denn du wirst vor dem Herrn hergehen, seinen Weg zu bereiten, um Erkenntnis des Heils zu geben seinem Volk, Vergebung seiner Sünden. Mitleid und Barmherzigkeit unsres Gottes werden aufstrahlen, werden uns Licht geben wie der Aufgang der Sonne und auch denen leuchten, die in Finsternis und Todesschatten sitzen, und unsre Füße leiten auf den Weg des Friedens« (Lk 1,76–79).

Die Mythen und Märchen vom göttlichen Kind folgen einem Grundmuster: Erster Akt: Die Vorhersage seiner Geburt durch einen Seher oder einen Engel. Zweiter Akt: Der gegenwärtige Herrscher, meiste als blutiger Tyrann im Stil eines Herodes geschildert, unternimmt alles, um die Geburt dieses Kindes zu verhindern, indem er zum Beispiel seine Mutter verfolgt, wie der Pharao zu Zeiten des Mose alle neugeborenen Knaben zu töten befiehlt oder wie Herodes seine Legionäre ausschickt, um alle Knaben unter zwei Jahren umzubringen. Dritter Akt: Wunderbare Rettung und Bewahrung des Kindes. Es wird, wie Mose im Schilfkörbchen, nur scheinbar dem Tod ausgeliefert, in Wahrheit der großen Mutter Natur anvertraut, und wo sich im Falle des Mose die Tochter des Pharao des Kindes annimmt, sind es in anderen Mythen Fischer, Hirten oder Gärtner, die das Kind aufnehmen und pflegen. Bei Jesus ist es ein Engel, der rechtzeitig zur Flucht rät. Das so verborgene Kind ist für den Herrscher unauffindbar. Es zeigt von Geburt an unglaubliche Kräfte und versteht sich gegen alle Anschläge erfolgreich zu schützen. Vierter Akt: Das Kind ist erwachsen und erfüllt, was die Prophezeiung gesagt hat: Es stürzt den Herrscher vom Thron, heilt und erlöst die Menschen.

Verstoßung, Aussetzung des Kindes ist ein auffallendes Motiv der Mythen und auch der Märchen. Womöglich fällt es heute aber auch deshalb auf, weil es hierzulande nicht mehr als normal gilt, sein Kind im Wald auszusetzen oder als Sklave zu verkaufen. In früheren Jahrhunderten und Jahrtausenden war das viel öfter der Fall. Wie dem auch sei, das göttliche Kind wächst nicht bei seinen leiblichen Eltern auf, sondern unter einfachen

Menschen, es kennt oft seine königliche, seine göttliche Abkunft nicht. Es lebt im Exil. Im Märchen muss es wie zum Beispiel Aschenputtel Misshandlung, Verachtung und Lieblosigkeit ertragen. Der Mythenforscher Joseph Campbell fasst zusammen:

»Kurzum: das vom Schicksal ausersehene Kind hat durch eine lange Periode der Finsternis hindurchzugehen, eine Zeit äußerster Gefahr, Behinderung oder Missachtung. Es wird nach innen geworfen, in seine eigenen Tiefen, oder nach außen ins Unbekannte, aber beide Male berührt es unerforschte Dunkelheit ... Die Mythen bestätigen, dass es einer ungewöhnlichen Begabung bedarf, um solcher Erfahrung ins Auge sehen und sie überleben zu können.«

Die »unerforschte Dunkelheit« – ist meist nicht nur ein individueller, sondern ein kollektiver Schatten, die dunklen Abgründe einer Familie, eines Volkes, einer Epoche. Die göttliche, die königliche Herkunft des Kindes aber zeigt sich darin, dass eines Tages sein wahres Wesen hervorbricht. In den Märchen werden auf einmal seine goldenen Haare sichtbar, in den Mythen tut der bis dahin Unscheinbare Wunder oder begehrt als Einziger gegen den gefürchteten Tyrannen auf. Campbell schreibt:

»... es ist nicht weniger als ein Auftauchen von Kräften, die seither vom menschlichen Leben ausgeschlossen waren. Frühere Ordnungen zersplittern oder lösen sich auf, und Verheerung bietet sich dem Auge dar. Doch nach einem Augenblick scheinbaren Durcheinanders kommt der schöpferische Kern der neuen Kraft in Sicht, und die Welt nimmt in ungeahntem Glanz wieder Gestalt an.«

Mit anderen Worten: Der Held tritt plötzlich aus der Verborgenheit hervor wie eine neue Idee, wie eine bis dahin unbekannte Kraft. Wo alles ausweglos schien, wird Zukunft erschlossen. Campbell:

»Denn der Held der Mythen ist der Vorkämpfer nicht der gewordenen Dinge, sondern der werdenden. Der

Drache, den er zu töten hat, ist nichts anderes als das Ungetüm des *status quo*: Haltefest, der die Vergangenheit festhält ... Der mythische Heros, der wiedererscheint aus der Dunkelheit, bringt ein Wissen um das Geheimnis des Tyrannensturzes mit. ... Der Zyklus rollt: im Punkt der Wandlung hat der Mythus sein Zentrum.«

Campbell empfiehlt, die Betrachtung seines Lebens, also des Heros, sollte als Meditation auf die eigene innerliche Göttlichkeit unternommen werden. Und in der Tat: Der Gedanke drängt sich geradezu auf, dass es beim göttlichen Kind, beim Helden um das innere Schicksal des Menschen geht und um die Suche nach der eigenen Identität. Gemessen an seiner göttlichen Herkunft ist jedes Kind gewissermaßen im Exil. Und unter den Ereignissen, wie immer sie beschaffen sein mögen, kann die eigene Identität bis zur Unkenntlichkeit verloren gehen oder verborgen sein. Bis dann irgendetwas eintritt, das zum Umkehrpunkt wird. Bei dem kanadischen Indianer war es eine äußerste Krise, die ihn dem Tod nahebrachte. Dann tritt das in Erscheinung, was man den göttlichen Funken im Menschen nennt, seine Gottebenbildlichkeit, sein innerstes Selbst. Das »göttliche Kind« ist demnach keineswegs ein natürliches Kind, sondern Symbol einer psychischen Wirklichkeit, die göttlich ist, wunderbar; gezeugt, geboren und aufgewachsen unter durchaus ungewöhnlichen Umständen. Dieses göttliche Kind vermag das Wunder zu vollbringen, das vom natürlichen Kind wohl kaum zu leisten wäre, es kann den Schicksalsknäuel auflösen, Dunkles ans Licht bringen und Erstarrtes zum Leben erwecken.

Eines der Märchen der Brüder Grimm zeigt besonders anschaulich, wie der Mythos im Gewand des Märchens erscheint, »Der Teufel mit den drei goldenen Haaren«. Da wird einfachen Leuten ein Knabe mit einer »Glückshaut« geboren, und die Verheißung sagt, er werde die Tochter des Königs heiraten. Der König unternimmt alles, um diesen Jungen zu verderben. Er kauft ihn seinen

Eltern ab und setzt das Kind in einem Kasten auf dem Fluss aus. Aber es wird gerettet. Später schickt der König ihn als Boten an den Königshof, um ihn zu verderben, erreicht aber gerade damit, dass er die Königstochter zur Frau bekommt. Und als der König ihn buchstäblich zum Teufel schickt, ist das Ende, dass der Junge das ganze Königreich von diesem Tyrannen erlöst. Er musste die »unerforschte Dunkelheit« berühren – des Teufels Großmutter verwandelte ihn in eine Ameise und barg ihn in den Falten ihres Gewandes –, aber nun weiß er auch, wie der Baum, der verdorrt war, wieder goldene Früchte trägt und wie aus dem Brunnen, der versiegt war, wieder Wasser und Wein quellen. Er löst, er erlöst das Leben wieder zu sich selbst. – Nicht nur ein Märchen, nicht nur Mythus und Legende, sondern eine Geschichte von den Wundern, die sich immer wieder abspielen. Auch wenn das Kind in den finsteren Keller der Eltern, der ganzen Familie samt Ahnenreihe hineingeboren wird, auch wenn es sich lange Jahre als ausgesetzt erlebt und unsägliche Erniedrigungen und Gefahren ausstehen muss, es lebt doch ein Licht in ihm und kann nicht für alle Zeit verborgen bleiben, es sprudelt doch eine Quelle in ihm und wird eines Tages hervorbrechen: jene schöpferische Energie, die nicht ein Erbe der Ahnen ist und nicht aus den Genen der Eltern rührt. Denn jeder Mensch schöpft unmittelbar aus dem göttlichen Ursprung, und wenn er sich dieser Quelle anvertrauen kann, wird er seine eigenen Wunden heilen können, und es wird dann auch noch für die neben ihm reichen.

Drachentöter oder Christophorus

Vom Umgang mit dem Bösen

Wie soll der Mensch, insbesondere der Mann, sich verstehen? Als Held, der gegen das Böse kämpft, oder als Helfer? Soll er ein Drachenkämpfer sein oder ein Christophorus? Die Frage mag befremden, denn weder die eine noch die andere Gestalt scheint heute ein geeignetes Vorbild abzugeben. Dabei soll nicht übersehen werden, dass im Hintergrund gerade von sehr jungen Männern die alten Bilder vom Helden nach wie vor lebendig sind. Auch wenn kaum einer sich als St. Michael oder St. Georg versteht und auch kaum als St. Christophorus, möchte ein Junge doch gern bedeutende Heldentaten vollbringen, um Anerkennung und Ruhm zu ernten. Die Schweizer Psychologin und Philosophin Carola Meier-Seethaler hält es in ihrem Buch »Das Gute und das Böse« darum für angezeigt, das alte, halb unbewusst gewordene Leitbild aus dem Mythus vom Drachenkampf kritisch zu betrachten, damit seine destruktiven Wirkungen erkannt und durch ein lebensförderndes Leitbild ersetzt werden – zum Beispiel durch das von Christophorus.

Was den Drachenkampf angeht, muss man tief in die mythische Geschichte zurückgreifen. Der Drache gilt in alten Mythen als Symbol für die elementaren Kräfte der Natur. Der Tsunami um Weihnachten 2004 mit seinen verheerenden Folgen an den Küsten des Indischen Ozeans hat sinnfällig gemacht, was die Mythen damit gemeint haben. Das Meer mit seinen Stürmen, Erdbeben, Überschwemmungen, Vulkanausbrüche, Hurrikans, ja auch Kometeneinschläge und ähnliche Naturphänomene haben sich im Bewusstsein der Menschheit als lebensbedrohliche Kräfte eingegraben. Warum sie das Symbol des Drachen oder der Urschlange dafür gewählt hat, bleibt undeutlich. Damit war die Vorstellung verbunden, dass Drachen lange schlafen; wenn sie aber erwachen, dann bringen sie Tod und Verderben, und das ist sehr anschaulich. Der frühe Mensch glaubte, der Schöpfergott habe den Drachen besiegt oder gebunden, damit der Mensch einen Lebensraum bekommt.

Der Drache als Symbol für die Kräfte der Natur und des Chaos ist nicht eigentlich böse, er ist für den Menschen aber zu gewaltig, er ist machtlos gegen ihn. Der Mensch kann nur versuchen, seinen Lebensraum dagegen zu schützen. Dafür braucht er Gemeinsinn, Ordnung und Disziplin. Was geschieht, wenn solche Ordnungen mangelhaft sind, wenn also zum Beispiel keine Frühwarnsysteme da sind, kein Katastrophenschutz, keine Informationsmöglichkeiten, das hat der Tsunami 2004 auf fatale Weise gezeigt.

In den Jahrtausenden vor Christus hat man die jeweiligen Herrscher als Garanten gegen die Chaosmächte verstanden. Sie traten an die Stelle des Gottes, der den Kosmos, die geordnete Menschenwelt, gegen das Chaos geschaffen hatte. Alte Texte zeigen, dass zur Inthronisation eines Königs ein symbolischer Kampf gegen den Drachen gehörte. In kultischen Festen wurde die ursprüngliche Überwindung des Chaosdrachen durch die Gottheit immer neu zelebriert. Spuren dieser Überwindung des Drachen durch Gott finden sich auch an vielen Stellen der Bibel.

Irgendwann im Laufe der Geschichte aber bekam der Drache und damit der Kampf gegen ihn einen ganz neuen Charakter: Nicht mehr die Natur allein war es, durch die Menschen sich bedroht fühlten, sondern andere Völker und Reiche, die Feinde.

Damit wuchs der Mythus vom Drachenkampf heraus aus der mythischen Welt in eine historische Zeit. Nicht mehr Götter hatten gegen den Drachen zu kämpfen, sondern Feldherren gegen die Heere der Gegner, die als böse Drachen zu besiegen waren.

Das Neue Testament und damit der christliche Glaube gehört einer schon komplexeren Vorstellungswelt an: Danach ist der Drache Symbol für das Böse; Christus aber hat ihn durch sein freiwilliges Leiden ein für alle Mal überwunden.

Was andere Menschen betrifft, lehrte Jesus, das Böse sei keinesfalls außen oder im anderen zu bekriegen, vielmehr solle man seine Feinde lieben. Schon gar nicht sei es klug, den Splitter aus dem Auge seines Nächsten herausnehmen zu wollen, solange man den Balken im eigenen Auge nicht wahrgenommen habe. Denn aus dem eigenen Herzen komme alles Böse. »Lass dich nicht vom Bösen überwinden, sondern überwinde das Böse durch das Gute« (Röm 12,21), lehrte der Apostel Paulus.

In der Kirchengeschichte wurde dieser Rat aber nur sehr unzureichend befolgt. Vielmehr sind seit Kaiser Konstantin und in seinem Gefolge Hunderte von Königen, Kaisern, Heerführern und Ritterorden, die sich Christen nannten, gegen feindliche Heere mit Waffengewalt vorgegangen. Dabei wurde der Feind als böser Drache bekämpft. Man selbst aber trat an die Stelle Gottes. Symbolgestalt und Feldzeichen für diesen Krieg war in vielen Jahrhunderten der Erzengel Michael, der nach der Bibel den Drachen aus dem Himmel vertrieben hatte, später auch der Ritter St. Georg. Ihre Fortsetzung fand diese Idee vom Drachenkampf bis zu den Heeren in den Weltkriegen des 20. Jahrhunderts. Und wenn nun, im 21. Jahrhundert, immer noch ein Kampf gegen das Böse, gegen die »Schurkenstaaten« ausgerufen wird, ist der alte Mythus vom Kampf gegen böse Drachen in neuem Gewand wieder wirksam.

Dabei lehrt die Geschichte längst etwas Unheimliches: Wer meint, gegen einen Drachen zu kämpfen, wird darüber selbst zum gefährlichen Drachen. Siegreiche Heere jedenfalls haben die Gewalt, das Leiden und das Unrecht, das sie zu bekämpfen vorgaben, immer selbst gebracht. Und die neuen Herren, die auf Eroberungskriege folgten, waren selbst keineswegs menschenfreundlich.

Die Mythen erzählen, dass einem Drachen, dem man den Kopf abschlägt, bald sieben oder neun neue nachwachsen. Das hat sich in der Geschichte auf furchtbare Weise immer wieder gezeigt.

Der Staat der Neuzeit hat viele Züge eines Drachen, dem ständig Opfer gebracht werden müssen, der aber gieriger wird, je mehr man ihm gibt. Noch unheimlicher wird es, wenn man sich die Wirtschaft ansieht. Man sagt schon, die Wirtschaft sei die Fortsetzung des Krieges mit anderen Mitteln. Die Wirtschaft muss wachsen, darin sind sich alle einig, und so müssen ihr ununterbrochen Menschen geopfert werden. Und nicht nur Menschen, auch die Meere und die Wälder, die Schätze der Erde, die Luft und die Quellen.

Wer gegen den Drachen kämpft, das zeigt sich auf erschreckende Weise, verstrickt sich in ein Geflecht, aus dem er nicht mehr herauskommt. Schuldzuweisungen, Selbstrechtfertigung, Interessenkonflikte sind oft die Folge. Er muss so genannten Sachzwängen gehorchen und häuft, ob er will oder nicht, Unheil auf Unheil.

Ja, aber muss man sich nicht wehren gegen das Böse, muss man es nicht bekämpfen? Es bedroht uns doch!

Das ist der Einwand, der immer wieder erhoben wird. Friedrich Schiller hat in seiner Ballade »Der Kampf mit dem Drachen« dem Ordensmeister ein harsches Urteil über den mutigen Ritter und Drachentöter in den Mund gelegt:

> »Ein Gott bist du dem Volke worden –
> ein Feind kommst du zurück dem Orden.
> Und einen schlimmern Wurm gebar
> dein Herz, als dieser Drache war.
> Die Schlange, die das Herz vergiftet,
> die Zwietracht und Verderben stiftet,
> das ist der widerspenst'ge Geist,

der gegen Zucht sich frech empöret,
der Ordnung heilig Band zerreißt,
denn der ist's, der die Welt zerstöret.«

Das Böse, das ist die offenbar schwer zu lernende Lektion, kommt, wie Jesus schon lehrte, aus dem eigenen Herzen. Was im anderen, dem Feind bekämpft wird, ist immer das, vor dem man sich in sich selbst fürchtet, das man aber nicht sehen will. Und wenn man einen anderen Menschen zum Bösen erklärt, ihn gar zum bösen Drachen stilisiert, ist das vor allem Ausdruck der eigenen Angst – Angst vor dem eigenen Inneren. Der angenehme Nebeneffekt ist dann auch noch, dass man sich selbst als Helden des Lichts versteht. Unversehens nimmt man in Anspruch, im Namen Gottes für Gerechtigkeit, Freiheit und die Heimat in den Krieg zu ziehen. Man hält es darum für gerechtfertigt, bestialische Grausamkeiten zu begehen, und merkt zu spät, dass man für andere die Fratze eines Drachen bekommen hat. Dieser Mechanismus ist seit Langem bekannt, aber er funktioniert trotzdem nach wie vor mit unheimlicher Effektivität. Offenbar entspricht er einem inneren Muster, das gerade bei heranwachsenden Männern verbreitet ist.

Ein strahlender junger Mann: schön wie ein Engel, stark und mutig, reitend auf weißem Pferd, ein geübter Kämpfer. Für das Gute, gegen alles Böse. Ein Schützer der Frauen und Kinder, ein grimmiger Gegner aller Bösewichter. Unüberwindlich im Kampf und dabei treu zu seinen Freunden. Selbst den giftigen, feuerspeienden Drachen überwindet er, sucht zugleich unermüdlich und sich selbst nicht schonend nach der unerreichbaren Kostbarkeit, dem Gral, dem Symbol für unzerstörbares Leben. Allen vernünftigen Argumenten und enttäuschenden Erfahrungen zum Trotz träumen nach wie vor Millionen Frauen von einem solchen Ritter auf dem weißen Pferd, der nach überstandenen Abenteuern kommen und sie heimführen wird.

Obwohl in der Realität längst überlebt, ja als gefährlich erkannt, ist der kämpfende Held in der Fantasie junger Männer und Frauen nach wie vor wirksam. Wer es nicht wahrhaben will, sehe sich die Märchen an und die Romane, die Kinofilme und die Videospiele. Wenn Carola Meier-Seethaler also meint, es sei dringend erforderlich, ein aufklärendes Licht in unsere Ideologien zu bringen und Bilderhellung zu betreiben, geht es ihr um eben diese Metaphern.

Aufklärende Kritik allein genügt aber nicht, sie ist notwendig, bleibt aber eine Sisyphosarbeit. Meier-Seethaler plädiert darum für ein alternatives Männlichkeitsideal. Denn starke Motive lassen sich nur durch ebenso starke ersetzen. Und da bringt sie die Legende von Christophorus ins Spiel.

Christophorus ist ein Riese. Aber er kämpft nicht gegen etwas, schon gar nicht gegen das Wasser. Er trägt vielmehr andere Menschen über den Strom. Die Legende erzählt, dass der riesige Mann einst auszog, um jemanden zu finden, dem er dienen könne. Als er jedoch merkte, dass der König sich vor dem Teufel fürchtete, ging er zum Teufel, und da der Teufel sich vor einem Kreuz am Wege fürchtete, verließ er auch den. Ein Einsiedler erzählte ihm von Christus. Um ihn zu finden, solle er fasten. Das, meinte der Suchende, könne er nicht. Er solle beten – auch das, meinte er, sei nicht seine Art. Er solle Menschen über einen Strom tragen. Diese Aufgabe hielt er für passend. Eines Tages bat ein Kind, hinübergetragen zu werden, für den Riesen ein Leichtes. Aber mitten im Strom meinte er, unter der Last unterzugehen. Das Kind gab sich als Christus zu erkennen, taufte ihn und ließ seinen Stab ergrünen. Christophorus suchte also so lange, bis er eine Aufgabe fand, die seinen Fähigkeiten entsprach, und jemanden, der ihn innerlich überzeugen konnte.

Ein Held, sagt der Mythenforscher Joseph Campbell, sei derjenige, der, statt sein Ego zu nähren, in Freiheit sich beugt. Wir sagen heute, der eine Aufgabe findet, für die sich einzusetzen ihm das Gefühl von Wert und Sinn gibt. Christophorus findet diese Aufgabe nicht außen, beim König, und nicht einmal beim »Fürsten dieser Welt«, dem Teufel, der ihm auf einem schwarzen Ross begegnet, sondern mitten in seinem Tun von einer anderen Dimension her. Er ist demnach nicht auf äußeres Ansehen aus, sondern lässt sich von innen leiten, von der Erfahrung mit diesem Kind her.

In der Frömmigkeitsgeschichte Westeuropas hatte er die Funktion eines Schutzengels, der in der Todesstunde die Seele durch den Tod ans Ufer der Ewigkeit trägt. Er gehört zu den 14 Nothelfern. Noch heute kann man in alten Kirchen Fresken finden, die eine ganze Wand füllen und auf denen der riesige Christophorus zu sehen ist.

Menschliche Beispiele für solche Nothelfer gibt es durchaus. Sie sind es, die in Katastrophengebieten wirklich gebraucht werden, wenn sie Leichen bergen, Straßen freiräumen, Trinkwasser aufbereiten und als Hubschrauberpiloten und Sanitäter in zerstörte Gebiete vordringen, wenn sie Feuer bekämpfen, Minen räumen oder bedrohte Tiere retten. Wahrer Heldenmut gehört dazu, aber eben nicht, um andere zu töten, sondern umgekehrt, um Leben zu retten. Helden eben nach dem Muster eines Christophorus. Er als Christusträger ist damit zugleich Träger und Bewahrer des Lebens. Sollte sein Beispiel das Herz eines Jungen oder Mädchens nicht ergreifen können? Man braucht das Ideal des Helden, das wohl unausrottbar ist, nicht abzuschaffen, sicher aber kann man ihm einen neuen Inhalt geben.

Vor einigen Jahren erschien ein Buch mit dem Titel »Das Universum ist ein grüner Drache«. Damit wollte der Autor sagen, dass alles, was wir heute über das Universum wissen, uns das Ganze eher wunderbarer und unverständlicher macht – es ist einfach zu groß für den Menschen, kaum zu fassen für seinen Verstand. Wie schwach der Mensch, wie klein im Ganzen der Welt, wie unwahrscheinlich es ist, dass er auf dieser Erde überhaupt leben kann, das wird jedem deutlich, der sich mit der Geschichte des Kosmos befasst, wie sie die Wissenschaft zeigt. Dagegen anzukämpfen erscheint geradezu als lächerlich. Was also soll der Heldenkampf gegen den Drachen?

Friedrich Schiller dichtet in seiner Ballade von dem Ritter, der den Drachen besiegt hatte und dem der Ordensmeister die Anerkennung verweigerte:

>»Dich hat der eitle Ruhm bewegt –
Drum wende dich von meinen Blicken!
Denn wer des Herren Joch nicht trägt,
darf sich mit seinem Kreuz nicht schmücken.

Da bricht die Menge tobend aus,
gewalt'ger Sturm bewegt das Haus,
um Gnade flehen alle Brüder;
doch schweigend blickt der Jüngling nieder;
still legt er von sich das Gewand
und küsst des Meisters strenge Hand.
Und geht. Der folgt ihm mit dem Blicke,
dann ruft er liebend ihn zurücke
und spricht: ›Umarme mich, mein Sohn!
Dir ist der härtre Kampf gelungen.
Nimm dieses Kreuz: Es ist der Lohn
der Demut, die sich selbst bezwungen.‹«

Was Schiller in seiner Ballade zum Thema gemacht hat, der Konflikt zwischen der Menge, die dem siegreichen Drachenkämpfer Beifall zollt, und der Strenge des Ordensmeisters, leuchtet heute nur schwer ein. Aber es geht dabei um mehr als um blinden Gehorsam gegenüber dem Meister. Der Meister steht für etwas, was auch Christen immer neu wieder lernen müssen: Der Kampf gegen das Böse steht dem Christen nicht zu. Er widerspricht dem Geist Christi.

Das Böse, das Lebensfeindliche kann nur Gott überwinden. Christen beten darum: »Erlöse uns von dem Bösen.« In diesem Zusammenhang kann auch das Bild vom Erzengel Michael seinen Sinn wieder bekommen: nicht als Vorbild für menschliches Handeln, sondern ganz im Gegenteil als Erinnerung daran, dass nur die Engel Gottes die geistige Kraft haben, dem Destruktiven Einhalt zu gebieten. Der gläubige Mensch kann und soll dies erkennen. Es ist Ausdruck seiner Demut, dass er diese Grenze respektiert.

Menschenmöglich und dem Menschen aufgetragen ist alles, was Leiden lindert, was Wunden heilt, was Leben womöglich rettet, was Versöhnung und Frieden herbeiführt. Aber aus der Welt schaffen kann er die Ursachen von Krankheit und Tod nicht. Damit würde er sich übernehmen, ja sich selbst zu Gottes Anwalt machen, aber das steht ihm nicht zu. Es ist entscheidend, diese Grenze zu erkennen und einzuhalten. Das entlastet auch. Man braucht nicht gegen das Böse an sich anzutreten. Man braucht nicht Gott zu spielen. Damit wird nur das eigene Ego aufgebläht. Nicht mehr aber auch nicht weniger ist dem Menschen aufgetragen, als das zu tun, was in seiner Macht steht: in Liebe anderen zu dienen. Und wenn er die Kräfte eines Riesen hat wie Christophorus, kann er damit sogar viele über den Fluss tragen. Aber er braucht nicht gegen den Fluss zu kämpfen oder ihn auszutrinken.

In Freiheit sich beugen oder die Demut, um sich selbst zu bezwingen – das sind sehr fremde Vokabeln heute. Ja, bei vielen lösen sie spontan Trotz und Widerwillen aus. Sehr wahrscheinlich assoziieren die meisten mit Demut blinden Gehorsam oder die Zerknirschung des Sünders. Und sich selbst bezwingen, das riecht nach lebensfeindlicher Moral. Zwar besteht zwischen beidem ein himmelweiter Unterschied, aber es ist eine traurige Tatsache, dass selbst die wertvollsten Tugenden durch Missbrauch entstellt worden sind und damit einen minderwertigen Klang bekommen haben.

Wahrscheinlich kann nur eines diesen Missstand aufheben: Wir brauchen lebende Vorbilder, an denen wir uns messen, Menschen, an denen wir unser eigenes Verhalten ausrichten können – und zwar nicht durch Zwang, sondern indem wir sie verehren. Nun ist die Menschheit nicht einmal arm an bekannten Männern, an denen wahre Größe abzulesen ist. Kaum jemand wird zum Beispiel Mahatma Gandhi, Martin Luther King und Nelson Mandela den Respekt verweigern. An ihnen ist abzulesen, was es heißt, sich in Freiheit zu beugen und bei aller historischen Größe Demut zu bewahren.

Tausende namenloser Helfer haben sich nach dem Tsunami und anderen Katastrophen um die Überlebenden gekümmert. Jeder von ihnen in dem Bewusstsein, wie begrenzt seine Hilfe sein kann, aber doch getragen von dem Impuls, so lange zu helfen, wie er vermag. Vor diesem Hintergrund erscheinen Kriege als vorgestrig und Drachenkämpfer wie unreife Knaben.

Mythische Vorfahren der christlichen Gestalt des Christophorus sind der ägyptische Anubis, die griechischen Gestalten eines Hermes, Dionysos, Asklepios. Ihr Symbol ist der grüne Stab, ein Baum mit jungen Trieben. Auf vielen Darstellungen tragen sie aber auch wie Christophorus einen Knaben auf der Schulter. So neu ist eine solche männliche Gestalt also nicht, die als Christophorus sogar das Kind Christus trägt. Man könnte sie heute Pädagogen nennen, Meister, Lehrer. Jedenfalls erinnern diese mythischen und legendären Gestalten daran, dass es eine uralte Aufgabe des Mannes ist, sich der Jugend anzunehmen; nicht als Ernährer allein, sondern als Lehrer, der die Jungen mitnimmt und ihnen zeigt, wie das Leben zu meistern ist und worauf es dabei ankommt.

Seit Langem schon wird beklagt, dass den Kindern und jungen Männern heute die Väter fehlen. Die leiblichen Väter fallen als Bezugspersonen oft genug aus. Meist begegnen Jungen im Berufsleben nur anderen Rivalen. Väterliche Männer, Lehrer und Meister werden gebraucht. Die Sehnsucht nach solchen Gestalten ist

groß. Auch daran zeigt sich, dass schon jahrhundertelang nur der Held, der Feinde besiegt, als echter Mann
gegolten hat. Und auch im Berufsleben macht der am
schnellsten Karriere, der sich rücksichtslos gegenüber
anderen durchsetzt. Entsprechend gilt einer, der älter
wird und nicht mehr kämpfen kann, nur noch als lächer-
liche Figur, auch vor sich selbst.

Ein Christophorus als Leitfigur könnte daher gerade
auch dem Mann in mittleren Jahren einen Lebenssinn geben. Er kann den Jungen zeigen, wie man durch den
Fluss der Zeit kommt, könnte sie hinübertragen aus der
Kindheit an das Ufer des Erwachsenenlebens.

Nun ist es ja nicht so, als gäbe es solche Männer nicht.
Tausende, Millionen tun das ganz unauffällig und wie
selbstverständlich. Aber sie werden in der Gesellschaft
wenig geachtet, ihrer Arbeit fehlt das, was man Sozial-
prestige nennt. Bei der notwendigen Umwertung vieler
Werte wäre darauf zu achten, dass gerade den Pädagogen, den Jugendarbeitern und Sozialarbeitern, den Meistern in Handwerksbetrieben die Achtung und Anerkennung zukommt, die sie verdienen und die ihre Autorität
stärkt. Denn zum sozialen Frieden und zur Integration
der Jungen tragen sie mehr bei, als bewusst ist. Es ist gar
nicht so lange her, da meinte man in Deutschland, ein
Junge müsse zum Militär, um ein Mann zu werden. Der
Wehrdienst galt als am besten geeignete Initiation. Wenn
aber anstelle des Drachentöters ein Christophorus Leitbild sein soll, müssen andere Wege gesucht und gefunden werden, um den Jungen zu zeigen, wie man ein rech-
ter Mann wird. Diese Aufgabe ist nicht beliebig, und der
Geruch des Lächerlichen, der ihr immer noch anhaftet,
sollte schleunigst großer Ernsthaftigkeit weichen.

Christophorus wurde in der Frömmigkeit vor allem
als Träger über die Schwelle des Todes ins Jenseits verehrt. Oder man betete zu ihm als dem Schutzengel, um
Gefahr für Leib und Leben abzuwenden. In dieser Sicht-
weise kann das Kind, das er trägt, auch als die Seele ver-

standen werden, die vom Ufer des diesseitigen Lebens durch das Wasser des Todes ans himmlische Ufer getragen wird. Nichts gegen diesen volkstümlichen Glauben. Aber er verkürzt die Aussage dieser Symbolgestalt. Einer der mythischen Vorfahren des Christophorus, der griechische Gott Hermes, trug auch den Beinamen Psychopompos, Seelenträger. Er vermittelte schon zu Lebzeiten zwischen der himmlischen und der irdischen Welt. So geht auch Christophorus immer zwischen den Ufern hin und her, trägt Menschen hinüber und herüber, wie es Fährmänner seit Jahrhunderten tun. Das ist keine Einbahnstraße.

In Hermann Hesses »Siddhartha« sagt der Fährmann Vasudeva über sich selbst:

»Ich verstehe nur zuzuhören und fromm zu sein, sonst habe ich nichts gelernt. Könnte ich es sagen und lehren, so wäre ich vielleicht ein Weiser, so aber bin ich nur ein Fährmann, und meine Aufgabe ist es, Menschen über diesen Fluss zu setzen. Viele habe ich übergesetzt, Tausende, und ihnen allen ist mein Fluss nichts anderes gewesen als ein Hindernis auf ihren Reisen ... Der Fluss war ihnen im Wege, und der Fährmann war dazu da, sie schnell über das Hindernis hinwegzubringen. Einige unter den Tausenden aber, einige wenige, vier oder fünf, denen hat der Fluss aufgehört, ein Hindernis zu sein, sie haben seine Stimme gehört, sie haben ihm zugehört, und der Fluss ist ihnen heilig geworden, wie er es mir geworden ist.«

Mit dieser Beschreibung Hesses tut sich noch eine ganz andere Dimension auf: Was als Hindernis erscheint, kann beim Lauschen zum Lehrmeister werden. Nicht das jenseitige Ufer, sondern der diesseitige Fluss wird zum Lehrer des Heiligen und verwandelt auch den, der darauf achtet. Und wie er dem Wasser zugesehen und auf den Fluss gelauscht hat, so verhält er sich gegenüber Menschen. Der ratlose Siddhartha kommt zu ihm und erfährt:

»Alles nahm er lauschend in sich auf, Herkunft und Kindheit, all das Lernen, all das Suchen, alle Freude, alle Not. Dies war unter des Fährmanns Tugenden eine der größten: er verstand wie wenige das Zuhören. Ohne dass er ein Wort gesprochen hätte, empfand der Sprechende, wie Vasudeva seine Worte in sich einließ, still, offen, wartend, wie er keines verlor, keines mit Ungeduld erwartete, nicht Lob noch Tadel danebenstellte, nur zuhörte. Siddhartha empfand, welches Glück es ist, einem solchen Zuhörenden sich zu bekennen, in sein Herz das eigene Leben zu versenken, das eigene Suchen, das eigene Leiden.«

Zusammenfassend lässt sich sagen: Der Drachenkämpfer, der sich anmaßt, ein Held des Lichts zu sein, in anderen immer das Böse sieht und es bekämpft, ist ein Leitbild des Mannes, das nicht nur Unglück über die Welt bringt, sondern durch das man auch sich selbst schadet. Er kann, folgt er diesem Bild, weder mit der Welt noch mit anderen, noch auch mit sich selbst im Einklang leben. Christophorus als Leitbild weist einen ganz anderen Weg: Danach geht es darum, seine Kräfte einzusetzen, um zu helfen und zu dienen. Er braucht sich nicht in Kämpfe zu verstricken, schon gar nicht überall nur Böses am Werke zu sehen. Der Fluss ist nicht der Feind, der zu besiegen ist, sondern eine elementare Macht, vor der er andere beschützen kann.

Er trägt gerade auch Kinder über den Strom. Junge Menschen, denen er durch sein Beispiel zeigt, wozu man seine Kräfte sinnvoll einsetzen kann. Schließlich geht es ihm, wenn er lange genug mit dem Fluss vertraut ist, selbst nicht mehr darum, möglichst rasch von A nach B zu kommen, der Fluss wird sein Lehrmeister und er zu einem Zuhörer, der wie das Wasser ist. Der wie das Wasser in sich einlässt, still, offen, wartend, der keines verliert, keines mit Ungeduld erwartet, nicht Lob noch Tadel danebenstellt, nur zuhört.

Immer wieder Hiob

Ursache des Leidens

Die Überschrift »Immer wieder Hiob« ist als Seufzer zu verstehen. Ein Seufzer darüber, dass das Leiden der Menschen kein Ende hat. Hiob ist nach der Bibel der beispielhafte Dulder, der Leidende. In den sprichwörtlichen Hiobsbotschaften wird ihm nacheinander gemeldet, dass seine Viehherden, seine Söhne und seine Töchter umgekommen sind. Der ebenso fromme wie ehemals reiche Mann wird arm und kinderlos. Doch in seinem Glauben bleibt er standhaft: »Das Gute nehmen wir an von Gott, und das Böse sollten wir nicht annehmen?«

Doch Hiobs Leidensgeschichte geht weiter. Er wird auch noch krank. Millionen von Leidenden konnten und können es ihm nachempfinden, wenn er klagt:

»Vernichtet sei der Tag, da ich geboren ward, und die Nacht, die sprach: empfangen ist ein Knabe! … Weil sie des Mutterschoßes Pforte mir nicht verschloss und nicht verbarg das Leid vor meinen Augen! Warum starb ich nicht bei meiner Geburt, verschied nicht, als ich aus dem Mutterschoße kam? … So läge ich nun und wäre stille, ich schliefe und hätte meine Ruhe… Denn Seufzen ist mein täglich Brot, es strömen gleich dem Wasser meine Klagen. Denn was ich fürchte, das kommt über mich, wovor ich schaudere, das trifft mich. Noch habe ich keinen Frieden, keine Rast noch Ruhe – da kommt neues Ungemach« (Hiob 3,3–26).

Es würde Stunden dauern, auch nur aufzuzählen, was für Schmerz und Leid, Entrechtung und Plagen, Hunger, Angst und Katastrophen, Trennung, Trauer und Folter Menschen in diesem Leben zu erdulden haben. Darum: »Immer wieder Hiob«. Seine Geschichte ist ein altes Märchen, eine Art Lehrgedicht, aber sie ist nur zu gut erfunden. Im Buch Hiob geht es um die Frage, wie Gott ihm, der doch fromm ist, so viel Schlimmes antun kann.

Der Leser erfährt durch einen Prolog im Himmel, dass Satan mit Gott ausgemacht hat, er dürfe Hiob auf die Probe stellen. Davon weiß Hiob natürlich nichts, und das Besondere an ihm ist, dass er zwar klagt, aber darauf beharrt, dass er unschuldig ist an seinem Leid und Gott ihm darum Unrecht tut. Mit erstaunlicher Beharrlichkeit sagt er:

»Ich weiß, mein Anwalt lebt, und ein Vertreter ersteht mir aus dem Staube. Selbst wenn die Haut an mir zerschlagen ist, mein Fleisch geschwunden, werde ich Gott schauen, ja ich werde ihn schauen, mir zum Heil, und meine Augen werden ihn sehen, nicht als Feind« (Hiob 19,25–27).

Ein solches Vertrauen fällt dem heutigen Menschen schwer. Leidende fragen eher: »Wie konnte Gott das zulassen?« »Womit habe ich das verdient?« Sie protestieren, klagen an, verzweifeln, resignieren, sterben – je nachdem.

Das Leiden beleidigt den Menschen, und er fragt: Warum? Warum ich? Warum jetzt? Seit es Menschen gibt, wird so gefragt, und seit Jahrtausenden bemühen sich die besten und gelehrtesten Köpfe um eine Antwort. Um es gleich vorweg zu sagen: Eine Antwort, die jeden zufriedenstellen könnte, wurde bisher nicht gefunden.

Man kann mehrere Typen unterscheiden:

- Der Erste, nach wie vor weitverbreitet, ist der Tat-Unheil-Zusammenhang, anders gesagt, die Schuld, die Sünde des Menschen und die Strafe Gottes.
- Der Zweite ist das Muster vom blinden Schicksal, manchmal verkörpert durch Götter oder böse Geister, die willkürlich vernichten.
- Der dritte Typ ist ein atheistischer. Danach ist das, was Menschen an Bösem widerfährt, einfach Zufall.
- Den vierten Typ könnte man den spirituellen nennen. Danach ist nichts Zufall, sondern alles hat einen, wenn

auch noch verborgenen, Sinn, der letztlich auf ein inneres Wachstum, auf die Reifung des Menschen hinzielt.

● Der fünfte Typ schließlich ist der im eigentlichen Sinn christliche, der in allem, auch dem Dunklen, doch die Liebe Gottes und die Erlösung durch Christus am Werk glaubt.

Der erste Typ

Das erste, weitverbreitete Muster ist, wie gesagt, der *Tat-Unheil-Zusammenhang*. Anders gesagt, der Zusammenhang von Schuld und Leiden. Der Mensch hat bewusst oder unbewusst etwas getan, was die Gottheit beleidigt hat, und dafür bekommt er jetzt seine Strafe.

Wenn aber einem Kranken oder Trauernden gesagt wird, er sei selbst schuld an seinem Unglück, und wenn er sich auch noch mit Selbstbestrafung plagt, wird sein Elend dadurch noch größer. Denn niemand kann ein strengerer Richter sein als man selbst.

Noch dazu wurde und wird durch die These vom Tat-Unheil-Zusammenhang, das heißt einer göttlichen Strafe für Sünden, der Mensch auf seine Bosheit reduziert und ihm auch noch die Fähigkeit, sich zu verändern oder Heilung zu erfahren, abgesprochen. Denn wer könnte schon von sich behaupten, immer gut gewesen zu sein?

Menschenfreunde haben immer schon eingewendet, so gewaltig könne die Schuld eines schwachen Menschen doch gar nicht sein, um das Übermaß an Leiden zu begründen, das Gott zur Strafe schicke.

Aber die These hält sich hartnäckig und mit fatalen Folgen: Die Fixierung auf die Schuld, die Sündigkeit des Menschen hat es lange verhindert, dass zumindest die vermeidbaren Ursachen einer Krankheit, eines Unrechts aufgedeckt und bekämpft wurden.

Und wenn ein Leidender zusätzlich zu seinem Schmerz und seiner Trauer noch fürchtet, die Rache Gottes zu verdienen, und das womöglich bis in Ewigkeit, geht es ihm noch schlechter als so schon.

Die Fixierung auf die Schuld nimmt auch im nichtreligiösen Zusammenhang oft seltsame Züge an: Die erste Frage nach einem Unglück ist meist die nach den Schuldigen und damit danach, wer dafür bezahlen soll. Einem Verunglückten oder Trauernden hilft die Feststellung einer Schuld aber nur wenig. Tote werden nicht wieder lebendig, eine Behinderung bleibt. Noch dazu gibt es Unglücksfälle, die solche Dimensionen annehmen, dass einzelne Schuldige gar nicht ausgemacht werden können. Bei der Suche nach den Schuldigen bleiben die Klagen der Opfer noch dazu meist ungehört.

Die These vom Tat-Unheil-Zusammenhang hat nur den Vorteil, dass sie den Menschen nicht ohnmächtig lässt angesichts seines Leids. Wenn er Verursacher ist, ist er doch immer auch noch Gestalter, hat er scheinbar eine gewisse Kontrolle über das Geschehen.

Diese These gab und gibt den Religionen einen breiten Spielraum für Rituale der Buße und des Opfers, der Beichte und der Vergebung sowie des Versprechens, dem Reuigen werde es fortan besser gehen.

Haben die Religionen sich damit aber nicht zu viel Macht angemaßt? Weder große Naturkatastrophen noch die Gewalt, die sich in Kriegen austobte, konnten durch fromme Übungen wirklich verhindert werden. Auch Krankheit und Tod sind nicht aus der Welt zu schaffen. Was funktioniert, ist nur, den Menschen immer wieder bei seinem schlechten Gewissen zu packen, so dass er sich selbst die Schuld gibt für sein Unglück.

Der Tat-Unheil-Zusammenhang scheint noch ein anderes Bedürfnis des Menschen zu befriedigen: das nach ausgleichender Gerechtigkeit. Er will Rache, er will Vergeltung und damit den Schmerz von sich weg auf andere lenken. Daher die Blutrache, daher die Strafjustiz, daher auch die religiösen Mythen von einer Gottheit, die eines fernen Tages die Bösen strafen und die Guten belohnen werde. Dazu gibt es die Variante des Karmas als eines Tat-Unheil-Zusammenhangs, der das einzelne Menschenleben übersteigt und dem Einzelnen heute ein Leiden zumutet, das er durch unrechte Taten in früheren Erdenleben verschuldet hat.

Das religiöse Muster eines Tat-Unheil-Zusammenhangs setzt einen Gott voraus, der die Schuld vergilt und das Unheil schickt. Einen gerechten und darum strafenden Gott. Dieses Gottesbild hat auch das unlösbare Problem in der Gottesfrage hervorgebracht, die so genannte Theodizee-Frage. Wie kann ein Gott, der ein Gott der Liebe, der Barmherzigkeit, der Gnade und Güte ist, ein Gott, der allmächtig genannt wird, so viel Unheil zulassen oder sogar schicken? Müsste er nicht zumindest die Frommen schützen und verschonen? Da es oft anders ist, haben schon viele angesichts eines Todesfalls oder eines anderen Unglücks ihren Glauben an Gott verloren.

Es ist bemerkenswert, sich klarzumachen, dass ostasiatische Religionen dieses Problem gar nicht kennen. Sie haben ein ganz anderes Bild von Welt und Mensch und folglich auch von Unglück und Leid.

Bleiben wir aber im Kontext der jüdisch-christlichen und letztlich auch der islamischen Tradition. Da ist diese Frage immer wieder offen, und sie schmerzt.

Die einzige Auskunft, die schon in der Bibel und im Laufe der Frömmigkeitsgeschichte von Seelsorgern darauf gegeben wurde, betont den Unterschied zwischen Gott und Mensch. Ein evangelischer Pfarrer in Bangkok sagte angesichts des Tsunamis im Januar 2005: »Die Frage kann so nicht beantwortet werden. Wir machen damit Gott zu klein und den Menschen zu groß. Die einzige Auskunft, die es gibt, lautet: Das Leben geht weiter.«

Damit ist er in guter Gesellschaft. Der Prophet Jesaja:

»Meine Gedanken sind nicht eure Gedanken, und eure Wege sind nicht meine Wege, spricht der Herr, sondern so hoch der Himmel über der Erde, so viel sind meine Wege höher als eure Wege und meine Gedanken höher als eure Gedanken« (55,8 f.).

Und auch Hiob räumt am Ende ein:

>Ich habe erkannt, dass du alles vermagst; nichts, was du ersinnst, ist dir verwehrt … Darum habe ich geredet in Unverstand; Dinge, die zu wunderbar für mich, die ich nicht begriff« (Hiob 42 f.).

So kausal, wie es im Muster vom Tat-Unheil-Zusammenhang erscheint, geht es demnach doch nicht zu. Da gibt es wohl doch so etwas wie Willkür, im günstigen Fall eine höhere Weisheit, einen göttlichem Ratschluss. Oder gar eine Prüfung durch Leiden wie im Buch Hiob.

Der zweite Typ

In dem unendlichen Abstand zwischen menschlichem Wollen und dem göttlichen Ratschluss kann sich alles das ereignen, was man *Schicksal* oder Tragik nennt.

Die griechische Antike erkannte im Schicksal des Menschen vorwiegend das Gesetz der Tragik. Der menschliche Held unterliegt unausweichlich der ausweglosen Situation, in die die Götter selbst ihn führen. Wo der Mensch sich dagegen auflehnt, verstrickt er sich nur umso mehr und fordert seine Vernichtung geradezu heraus. So die antiken griechischen Dramendichter. Von ihnen inspiriert, haben die Dichter der Klassik in Deutschland mitten im christlich geprägten Europa diesen Gedanken immer wieder ausgesprochen.

Goethe:

>Wer nie sein Brot mit Tränen aß,
wer nie die kummervollen Nächte
auf seinem Bette weinend saß,
der kennt euch nicht, ihr himmlischen Mächte.

Ihr führt ins Leben uns hinein,
ihr lasst den Armen schuldig werden,
dann überlasst ihr ihn der Pein,
denn alle Schuld rächt sich auf Erden.«

Schiller:

»Denn mit des Geschickes Mächten
ist kein ewger Bund zu flechten,
und das Unglück schreitet schnell.«

Hölderlin:

»Es schwinden, es fallen
die leidenden Menschen
blindlings von einer Stunde zur andern,
wie Wasser von Klippe zu Klippe geworfen,
jahrlang ins Ungewisse herab.«

Oder noch einmal Schiller in der Ballade vom Ring des Polykrates, wo der Gast des glücklichen Königs orakelt:

»Mir grauet vor der Götter Neide,
des Lebens ungemischte Freude
ward keinem Irdischen zuteil.

Noch keinen sah ich fröhlich enden,
auf den mit immer vollen Händen
die Götter ihre Gaben streun.«

Die Antike und neben ihr viele alte religiöse Vorstellungen schrieben den Göttern oder Geistern so menschliche Gefühle zu wie Neid, Eifersucht, Beleidigtsein und Rachegelüste, und der Mensch war ihrer Macht ohnmächtig ausgeliefert. Das »blinde Schicksal« schlägt zu, wann und wo es will.

Der dritte Typ

Die Vorstellung vom blinden Schicksal bekommt heute Unterstützung von der Wissenschaft: Es gibt den Zufall. Der Physiker und Philosoph Stefan Klein schreibt:

»Der Zufall ist mächtiger, als wir es uns je vorgestellt haben. Seine Erforschung rührt an die großen Rätsel der Wissenschaft, wie die Frage nach dem Aufbau der Welt und nach der Entstehung des Lebens, und betrifft zugleich im Kleinen den Lebensweg eines jeden von uns.«

Der Zufall eröffnet nach Klein unerwartete Möglichkeiten, kann aber ebenso zerstören. Noch vor gut hundert Jahren war die Naturwissenschaft davon überzeugt, dass die Welt weder nach dem Zufall noch nach dem Willen eines Gottes funktioniere, sondern nach dem ehernen Gesetz von Ursache und Wirkung. Viele Ursachen sind tatsächlich entdeckt worden, das geht noch heute weiter, und einige Übel kann der Mensch sogar verhindern; wenn auch längst nicht die größten. Viele Ursachen bleiben im Dunkeln. Aber Zufall? Noch Einstein sagte den berühmten Satz »Gott würfelt nicht!« Seit dem Anfang des 20. Jahrhunderts müssen die Naturwissenschaftler aber auch dem Zufall einen Platz im Weltgeschehen einräumen, also nichtkausalen, unbegründbaren, spontanen Ereignissen.

»Zufall ist das Pseudonym Gottes, wenn er nicht selbst unterschreiben will«, scherzt der Dichter Anatole France.

Darüber gibt es nun bis heute einen regelrechten Glaubenskrieg. »Es gibt keine Zufälle«, beharren die einen: »Alles hat einen Sinn, auch wenn wir ihn nicht gleich verstehen.« »Alles Zufall«, sagen die anderen, etwa Stefan Klein. Darüber lässt sich trefflich streiten, doch was hat der Leidende, der Trauernde, der Verunglückte davon? Gar nichts. Er klagt wie Hiob, er schreit wie der Prometheus von Goethe:

»Da ich ein Kind war,
nicht wusste, wo aus noch ein,
kehrt ich mein verirrtes Auge
zur Sonne, als wenn drüber war
ein Ohr, zu hören meine Klage,
ein Herz wie meins,
sich des Bedrängten zu erbarmem.
Wer half mir?«

Das ist es doch, was der Leidende vor allem erst einmal ersehnt: ein Ohr, seine Klage zu hören, ein Herz wie seins, also ein menschliches, ein Anteil nehmendes Herz. Was hilft ihm da die Auskunft: ein Zufall sei es, die Verkettung unglücklicher Umstände, oder er sei zur falschen Zeit am falschen Ort gewesen? Das hilft ihm ebenso wenig wie die Auskunft, er werde für irgendeine Schuld bestraft. Zu Hiob sind drei Freunde gekommen, haben seinen erbärmlichen Zustand gesehen, und er hat ihnen sein Leid geklagt. Aber dann hat jeder der Freunde in langen Monologen seine theologischen Überlegungen und die bekannten moralischen Vorwürfe zum besten gegeben. Hiob zugehört hat keiner von ihnen, wirklich Anteil genommen und mit ihm gemeinsam geklagt auch keiner. Sie sind keine Ausnahme. Wir halten die Klagen anderer schlecht aus. Entweder will man Abhilfe schaffen, und wenn man das nicht kann, einen Schuldigen ausfindig machen, und sollte auch das zu nichts führen, geht man auf Distanz, denn Unglück scheint ansteckend zu sein. Der Gastfreund des glücklichen Polykrates in Schillers Ballade reist ab, weil er es mit der Angst bekommt:

> Hier wendet sich der Gast mit Grausen:
> »So kann ich hier nicht ferner hausen,
> mein Freund kannst du nicht weiter sein.
> Die Götter wollen dein Verderben,
> fort eil ich, nicht mit dir zu sterben.«
> Und sprachs und schiffte schnell sich ein.

»Besser eine falsche Idee als gar keine: Nach dieser Devise hat die Natur uns programmiert,« stellt Stefan Klein fest und beruft sich auf die heute so viel zitierte Gehirnforschung. Danach haben wir Menschen die »… hoch entwickelte Fähigkeit, Regeln zu lernen und uns mit ihrer Hilfe in der Welt zurechtzufinden. Dafür müssen wir mit dem systembedingten Handicap leben, dass wir nur schwer entscheiden können, wann die Suche nach Mustern unsinnig ist oder sogar schadet.«

Klein will wissen, dass wir Systeme im Kopf haben, die auf den Umgang mit Zufall, Risiken und Unsicherheit spezialisiert sind und sie sogar unbewusst verarbeiten, so dass wir es gar nicht merken. Unser Gehirn blendet sogar Informationen aus, die im Augenblick als unwichtig erscheinen, damit wir auf der Basis von bisher Bekanntem rasch reagieren können. Aber, so bedauert er: »… besonders wenn wir von Gefühlen aufgewühlt sind, fällt es uns schwer, Ereignisse dem Zufall zuzuschreiben. Vielmehr drängt es uns danach, das Schicksal im Spiel zu sehen.«

Der Zufall sei aber nun einmal mit im Spiel, fernab aller Moral:

»Was uns immer wieder ein Bein stellt und manchmal Opfer fordert, sind allerdings nicht ein hinterhältiges Schicksal, die Schlechtigkeit der Mitmenschen oder unser eigenes Versagen, sondern schlicht die unerbittlichen Gesetze der Wahrscheinlichkeit.«

So lernen wir also, dass es zur menschlichen Grundausstattung gehört, auch in zufälligen Ereignissen einen Sinn zu suchen. Dass wir diese Ausstattung haben, um nicht verrückt zu werden. Denn Sinn beruhigt. Wenn das so ist, haben die Religionen mindestens etwas Gutes, wenn sie Sinndeutungen anbieten.

Und es ist auch ein Anzeichen für eine Grundausstattung, die ihm zum Überleben hilft, wenn der Mensch fähig ist, Sinndeutungen zu finden, ja zu erfinden, die ihm helfen, grausame Schicksalsschläge zu verarbeiten, indem er sie in sein Selbstbild integriert.

Wünschenswert wäre nur, dass er sich möglichst *den* Sinn und *die* Deutung sucht, die ihn nicht noch verzweifelter machen, als er schon ist, sondern die ihm ein Selbstbild anbieten, das ihn heilt und ihn dazu befähigt, sein Leben wieder zu gestalten.

Die Schuldzuweisung ist da auf jeden Fall nicht gut geeignet. Weder die Schuldzuweisung an andere noch die an sich selbst. Ganz im Gegenteil kann es dem Leidenden helfen, wie Hiob auf seiner Unschuld zu beharren. In der märchenhaften Erzählung des Hiob-Buches gibt Gott ihm am Ende Recht, und er bekommt alles, was er verloren hat, überreichlich wieder. Ein derartiges *happy end* gibt es im Leben nur selten. Dennoch gibt es auch die Erfahrung von Heilung, von Genesung, von Neuanfängen und Wiederaufnahme in die menschliche Gemeinschaft. Und es bedeutete eine weitere Ausgrenzung der Geschädigten, wollte man ihnen diese Hoffnungsperspektive vorenthalten.

Psychotherapeuten, die sich der Menschen mit einem schweren Trauma annehmen, ermuntern den Einzelnen dazu, sich an das Kind zu erinnern, das er einmal war und das auch weiter in ihm lebendig ist. Dieses Kind trägt nicht nur seine Unschuld in sich, sondern auch die Begabung zum Wachsen und Werden, zu Fantasie und Kreativität.

Vierter Typ

Damit wären wir beim vierten Typ der Sinndeutung angekommen, bei der Vorstellung, das Leiden sei dazu da, dass der einzelne Mensch oder die ganze Menschheit reifer werde, damit er die Kräfte der Liebe, der Vergebung, der Einsicht entwickelt. Ganz Kühne wagen auch den Blick in eine ferne Zukunft, in der die gesamte Menschheit zu einer höheren Bewusstseinsstufe heranreift und etwa Gewalt und Lieblosigkeit nicht mehr nötig hat.

Der Vorteil dieser Sinndeutung ist, dass sie nicht rückwärtsgewandt wie bei der Schuldfrage bleibt und dass sie dem Einzelnen Kräfte der Erneuerung, des Wachstums, der Heilung zutraut. Sie eröffnet einen Horizont der Hoffnung, und das keineswegs in einem unerreichbaren Jenseits, sondern durchaus im Diesseits. Dies ist die Basis für alle psychotherapeutischen Bemühungen und ebenso für alle Arbeit von Ärzten, Sozialhelfern und Pädagogen, die Betroffenen beistehen und sie ermutigen und ermuntern, es mit dem Leben doch wieder aufzunehmen. Sie hat im Vergleich zu der These von bösen Schicksalsmächten oder dem blinden Zufall zudem den Vorteil, dass sie demjenigen, der in die Sinnlosigkeit seines Leidens abzugleiten droht, menschliche Nähe bietet und ihn durch die Kraft der Beziehung zu heilen versucht. Die Frage nach dem Warum gilt in diesem Deutungstyp zwar als unbeantwortbar, dafür stärkt er das Vertrauen in die Kraft des Lebens und in die gesunden Ressourcen des Leidenden selbst. Er ist nach vorn, auf Zukunft ausgerichtet.

Die Schwäche dieses Deutungstyps ist, dass auch er missbraucht werden kann. Allzu oft wird dem Leidenden noch im ersten Schockzustand allzu zuversichtlich und diktatorisch zugemutet, nun müsse er kämpfen und wieder aufstehen, nun müsse er lernen, sich selbst neu zu definieren. Damit sind viele zumindest am Anfang überfordert und wehren sich. Klage und Trauer brauchen auch ihren Raum und ihre Zeit.

Die weitere Schwäche dieses Deutungstyps ist, dass er das Grundübel, nämlich Krankheit, Tod, ja das Böse und noch dazu verheerende Katastrophen, nicht aus der Welt schaffen kann. Er reicht mit seinem sympathischen, auf Helfen und Ermuntern ausgerichteten Impuls an die Größe möglichen Unheils und menschlichen Leidens nicht heran, so liebevoll er sich dem Einzelnen auch zuwendet.

Eine letzte Schwäche ist, dass es leider allzu viele gibt, die an ihrem Unglück nicht wachsen, sondern schlicht zugrunde gehen, sei es psychisch oder physisch. Dass es auch solche gibt, die über ihrem Leiden gewalttätig werden und ihrerseits anderen Leid zufügen. Und andere, die in Depressionen versinken und nicht mehr erreichbar sind. Der Abgrund kann tiefer sein, als zuversichtliche Deutungen glauben machen wollen.

Der fünfte Typ

Der Ansatz der Religionen, dass es doch noch andere Kräfte und Mächte als die des Menschen gibt, die das Schicksal auf Erden lenken und bestimmen, hat in dieser bitteren Erfahrung ihren Ursprung. Man könnte geradezu sagen: Um nicht verrückt werden, braucht der Mensch die Vorstellung von einem Gott.

Damit berühren wir die Botschaft Jesu. Er hat einen Gott der Liebe zu allen seinen Menschenkindern verkündet und gesagt, sie sollen leben und von allem genug haben. Selbst Theologen staunen über die Kühnheit in den Worten Jesu, denn er wusste sehr wohl, wie schlimm es auf der Welt zugeht. Dennoch verkündet diese Botschaft der bedingungslosen Liebe das Versprechen von Heilung, Vergebung und Erlösung für jeden Einzelnen. Und vor allem auch die Zusage des Heiligen Geistes, des Trösters. Und der Heilige Geist ist nichts Geringeres als der Geist der Schöpfung, des Neuanfangs. Eines Neuanfangs schließlich, der über das Leben auf dieser Erde hinausweist in eine heile, göttliche Zukunft und ein Leben bei ihm.

Wenn der Mensch einen Sinn braucht, um sein Schicksal zu bestehen und sein Leiden zu überwinden, dann ist es am besten für ihn, den Sinn zu wählen, der ihm guttut. Und ein Sinn, der mehr ermutigen könnte als der christliche Glaube, ist auf Erden kaum zu finden.

Im Matthäusevangelium sagt Jesus: »Kommt her zu mir, die ihr mühselig und beladen seid, ich will euch Ruhe geben. Denn der Sohn des Menschen ist gekommen, um das Verlorene zu retten.«

Der christliche Glaube ermutigt dazu, dem Einzelnen in seiner Trauer beizustehen, seine Klagen anzuhören. Er befähigt auch viele dazu, das Menschenmögliche zu tun, um Leiden zu lindern oder zu verhindern. Er weist aber zusätzlich darauf hin, dass dies nur vorläufig ist, weil dem Menschen eine Zukunft ohne Leid, Geschrei und Schmerz versprochen ist.

Die Kraft der Utopie
Potenziale der Erneuerung

Die Kirchen beginnen an jedem ersten Adventssonntag einen neuen Jahreszyklus und feiern die Erinnerung an das Kommen Gottes auf die Erde, aber ebenso die Erwartung der Wiederkunft Christi und damit die Erfüllung der Menschheitssehnsüchte nach Frieden und Gerechtigkeit, nach dem Abwischen aller Tränen und dem Ende von Leid, Schmerz und Tod.

Was in religiöser Sprache in solchen mythischen Bildern ausgedrückt wird, hat in der Philosophie einen anderen Namen, da spricht man von Utopien. Das griechische Wort meint etwas, das zwar in den Träumen und Sehnsüchten des Menschen als Vorstellung lebendig ist, aber noch keinen Ort hat, also noch nicht verwirklicht worden ist.

Es gibt drei Arten von Utopien:

Erstens die zeitliche, wie sie aus dem christlichen Glauben bekannt ist: Das Reich Gottes kommt am Ende aller Tage.

Zweitens eine räumliche: Wir müssen an einen schwer erreichbaren Ort kommen: ins Paradies, ins Nirvana, nach Shambala, oder wie die geheimnisvollen Städte, Gärten oder Lichtreiche heißen, in denen alles anders ist als hier.

Drittens eine Utopie, die jenen noch nicht greifbaren Ort und jene noch nicht eingetretene Zeit in den Menschen selbst hineinverlegt: Das heißt, wir kommen nicht an einen anderen Ort, und es kommt kein ferner Tag auf uns zu, sondern wir *selbst* sind noch nicht so ausgestattet, dass wir sie wahrnehmen könnten. Denn nur mit neuen Augen, mit neuen Ohren, einem neuen Herzen, als Wiedergeborene wird jener ersehnte und erträumte Zustand für uns Wirklichkeit. Man kann diese dritte eine bewusstseinstransformierende Utopie nennen.

Die zeitlichen sowie die räumlichen Utopien kommen uns heute märchenhaft, mythisch, ein wenig kindlich vor, auch wenn sie ihren Zauber oder Schrecken keineswegs verloren haben. Jene dritte Gestalt der Utopie dagegen soll uns hier beschäftigen.

Der eigentliche »Ort« der Utopie ist also das Noch-nicht-Geborene in uns selbst. Man könnte auch sagen: die Seele und in ihr die drängende Kraft des schöpferischen Geistes. Die Bibel nennt diese Kraft den Heilswillen Gottes, den Heiligen Geist. Anschauliches Bild dafür ist, dass Gott selbst Mensch wurde und damit dem Menschen einen unglaublich hohen Rang gab und ihn dazu bestimmte, selbst Wohnung für diesen Geist zu werden. Das Kommen Christi bringt deshalb einen dynamischen Impuls in die Menschheitsgeschichte, eine Kraft, die nach Veränderung drängt – gerade auch im Menschen selbst.

Dabei ist »Veränderung« ein zu blasses Wort, denn es geht nicht nur um eine Änderung des Bekannten, sondern um das Aufscheinen von etwas ganz Neuem, noch nicht Dagewesenem, um neue Qualität. Dafür gebraucht man das Wort Transformation.

Die Frage ist nun, ob denn im Menschen das Potenzial, die Kraft für eine solche Transformation steckt. In der kirchlichen Sprache klingt es oft eher so, als könne der Mensch von sich aus gar nichts, sondern er sei da ganz angewiesen auf die Gnade und das Eingreifen Gottes. Das ist ebenso wahr wie missverständlich. Wahr ist, dass wir eine Transformation, die so etwas wie einen neuen Menschen aus uns werden lässt, nicht planen oder machen können. Die Anläufe, die von Pädagogen seit Jahrtausenden unternommen worden sind, indem sie sich immer neu vornahmen, die junge Generation zu besseren Menschen zu erziehen, sind immer wieder ziemlich kläglich gescheitert. Es wuchsen schließlich immer Leute heran, recht ähnlich, wie es ihre Vorfahren auch schon gewesen waren.

Missverständlich ist die Rede vom Angewiesensein auf Gnade und den schöpferischen Geist auch dann, wenn sie dazu verleitet, einfach so weiterzumachen wie bisher, und man etwa die Wiederkunft Christi ans Ende aller Tage verlegt, bei der es dann womöglich ein furchtbares Gericht gibt.

Da das aber noch lange hin ist, richtet man sich derweil irgendwie ein im Gewohnten, da man ohnehin nichts tun könne.

Jesus hat vom Reich Gottes *anders* gesprochen. Nach seinem Verständnis ist das Reich Gottes ständig im Kommen, nach seinen Worten ist jeder Tag Gericht, nämlich jeder Tag, an dem sich ein Mensch für Gottes Kommen öffnet oder sich ihm verschließt. Denn das vermag der Mensch offenbar durchaus: Er kann sich verschließen, er kann zur üblichen Tagesordnung übergehen, mit der er mehr als genug zu tun hat, und das Kommen Gottes dabei gleichsam verschlafen.

Ebenso wie der Mensch sich verschließen kann, vermag er sich aber auch zu öffnen. Er kann und braucht seine Transformation und die der Welt nicht selbst zu machen, aber er kann aufnehmen, was von Gott her zu ihm kommt. Etwa so, wie Maria bereit war, auf den Engel Gabriel zu hören und ihm zu antworten: »Mir geschehe, wie du gesagt hast.«

Dabei war auch Maria wohl nur fähig, die Botschaft des Engels aufzunehmen und zu verstehen, weil sie die Utopie Israels kannte: Eines Tages werde der Sohn geboren werden, der Nachfolger auf dem Thron Davids sein wird, der Messias, und er werde ein Reich der Gerechtigkeit und des Friedens gründen. Die Bilder der Utopie selbst liefern gleichsam die Energie, die unsere Seele braucht, um sich dem Ersehnten, wenn auch noch kaum Vorstellbaren zur Verfügung zu stellen. Das ist mit der Jungfräulichkeit Marias gemeint: Sie war nicht »verheiratet«, nicht an die gängigen Vorstellungen von Realität gebunden, die dazu raten, sich an die Verhältnisse anzupassen, wie sie nun einmal sind. Maria war offen dafür, eine Wirklichkeit zu akzeptieren, die darüber hinausweist. Und die Frage ist, ob wir in diesem Sinne wieder »jungfräulich« werden können. Das kann durch eine Art Reinigung möglich werden, ein Fasten. Ursprünglich war die Adventszeit eine solche Fastenzeit, nämlich Reinigung und damit Vorbereitung, um offen zu werden für das Neue, das sich ankündigt. Denn das eigentliche Gegenbild zu Maria in der Geschichte von der Geburt Jesu ist König Herodes, der das Neugeborene töten wollte. Er war an der Erhaltung seiner Macht interessiert, daran, dass sich nichts ändert. Und wer ehrlich ist, wird zugeben, dass er auch so einen König Herodes in sich hat, ebenso wie eine Maria, zu der ein Engel kommt.

Wie aber können wir, um im Bild zu bleiben, vom Herodes zur Maria werden? Die Reinigung, die dazu nötig ist, könnte etwa so aussehen:

Ein erster Schritt wäre: die eigene Resignation akzeptieren. Wir haben längst vieles versucht, um selbst bessere Menschen zu werden oder um unsere Lebensumstände so zu richten, dass wir glücklicher sein können. Je älter man wird, umso mehr ist zu merken, dass das nicht gelingt, umso tiefer ist die Resignation, die man sich aber nicht eingestehen darf. Denn das käme einem Scheitern gleich. Fasten hieße, sich dieses Scheitern eingestehen, es nicht länger zu verdrängen.

Ein zweiter Schritt wäre: Ängste loslassen. Das ist leichter gesagt als getan. Oft genug scheinen unsere Ängste das Einzige zu sein, was uns noch anspornt, etwas zu tun. Sonst könnten wir uns gleich aufgeben. Aber sofern wir uns unser Scheitern eingestehen und damit auch unsere Ohnmacht, das abzuschaffen, was uns Angst macht, ist es ja eine Entlastung, die vielen Ängste zu lassen, die uns plagen. Das wird erst dann ganz gelingen, wenn wir einen dritten Schritt gehen:

die Utopie zulassen. Die Utopie sagt uns: Wir sind doch mehr, als wir zu sein scheinen. Das klingt kühn. Aber dafür gibt es viele der schönsten Bilder und Gleichnisse – aus der Bibel, von Dichtern, von den Weisen aller Kulturen, die uns immer wieder zurufen: Denke von dir nicht zu klein, du bist zu mehr berufen und befähigt, als du meinst.

Alle diese Vorstellungen stammen aus einer Vorratskammer des Geistes, die wir nicht geschaffen haben. Sie ist längst da, zwar wie uneingelöste Versprechen, aber für unzählige Menschen in der Vergangenheit und auch heute haben solche Bilder die Macht, ungeahnte Energien freizusetzen. Utopien, so zeigt die Erfahrung, wirken auch dann, ja womöglich gerade dadurch, dass sie eben noch Utopie sind, sie sind so etwas wie Transformatoren unseres seelischen Energiehaushaltes, das heißt, sie führen uns Kräfte zu, die zwar immer da sind, aber nicht verfügbar.

Diese drei Schritte – Resignation akzeptieren, Ängste loslassen, Utopien zulassen – umschreiben eine innere Wendung von Herodes zu Maria. Ohne eine Zeit des Fastens, des Verzichts, der Vorbereitung geht das sicher nicht. Aber dies ist etwas, das wir nicht nur selbst tun können, sondern das überhaupt zu jeder ernsthaften spirituellen Übung gehört. Es geht dabei um einen Machtwechsel in uns selbst von größter Tragweite.

Als der Engel Maria einen Sohn ankündigte, der aus dem Heiligen Geist gezeugt wird, ging es um etwas Neues, das alles Bisherige außer Kraft setzt. Denn der Engel kündigte den an, der den Thron Davids einnehmen werde. Und als Jesus in Jerusalem einzog, war das nicht nur ein Volksfest mit Jubel, sondern eine Kampfansage, eine Provokation der Mächtigen. Denn der da kam, beanspruchte die Tochter Zion für sich und damit die Königsherrschaft.

Ihn aufnehmen, diese Geburt und Ankunft begrüßen kann nur, wer zuvor den Herodes in sich selbst entmachtet und dafür die Jungfräulichkeit seiner Seele wiedergewonnen hat.

Was es letztlich bedeuten kann, auf seine Träume und Fantasien nicht zu achten, hat Marie Luise Kaschnitz in einem Gedicht geschildert, das selbst wie ein Traumbild daherkommt:

Einer im Traume hatte alle Gewalt,
Hausdurchsuchung zu halten bei sieben und acht
Bewohnern der Stadt,
Willkürlich herausgegriffenen.
Einige wohnten angenehm, andere ärmlich,
Seine Schergen verschonten keinen,
Sie brachen alle verschlossenen Läden auf,
Entleerten die Schubfächer,
Wühlten in Koffern und Kisten,
Papiere flogen durchs Zimmer wie Asche und Schnee,
Es erwies sich, dass alle Durchsuchten
versichert waren
Gegen jede Art von Gebrechen,
gegen Tod und Feuer,
Gegen Unzufriedenheit, Unruhe,
unglückliche Liebe.
Einige Päckchen Briefe wurden gefunden,
Gebündelte, nie mehr gelesen. Zwei Rosenkränze,
Schwarz angelaufen, in verstaubten Schachteln.
Doch kein geheimer Anschlag,
Keine Vorbereitung zum Aufruhr,
Nichts von versteckter Trauer.
Keine Sehnsucht.
Und nicht einmal der Fetzen eines Traums.
Da musste er über alle Gerichtstag halten
Und verdammen die sieben und acht,
Und hätte doch schon Gnade walten lassen
Für einen einzigen schlaflosen Schritt bei Nacht.

Erschütternder als in diesem Traumgedicht von Marie Luise Kaschnitz kann das Fehlen von Utopien, Sehnsüchten und Träumen wohl kaum geschildert werden.

Denn noch einmal: Advent heißt Ankunft. Damit ist aber nicht nur die Ankunft eines Reisenden nach langer Fahrt gemeint, sondern vielmehr die Ankunft, wie sie von denen erlebt wird, die ihn lange herbeigesehnt und erwartet haben. So wird die Ankunft Jesu in Jerusalem geschildert. Die Stadt, die Tochter Zion, begrüßt ihn mit Jubel. »Hosianna! Gelobt sei, der da kommt im Namen des Herrn!« Die Propheten hatten diesen Augenblick vorhergesagt: »Fürchte dich nicht, Tochter Zion, siehe, dein König kommt zu dir, sitzend auf dem Füllen einer Eselin!« Advent bedeutet Begegnung, das glückliche Zusammenfügen von Getrenntem: Zwei Hälften werden zusammengefügt, und sie passen so gut zusammen, als seien sie eines. Die Stadt, geschmückt wie eine Braut, empfängt den Ersehnten und schon lange Herbeigewünschten wie ihren Bräutigam. So wird auch eine Karawane begrüßt, die nach langer gefahrvoller Reise durch Berge und Wüsten die schützenden Mauern einer Stadt erreicht und die Wunder und Reize ihrer kostbaren Last ausbreitet.

Eine andere Szenerie für Ankunft ist die Einfahrt eines Schiffes in den Hafen. Nana Mouskouri sang von einem solchen Traum: »Ein Schiff wird kommen, und das bringt mir den einen, den ich so lieb wie keinen und der mich glücklich macht.« Dieses Bild von der Einfahrt in den Hafen beschwört das bekannte Adventslied: »Es kommt ein Schiff geladen bis an den höchsten Bord. Trägt Gottes Sohn voll Gnaden, des Vaters ewigs Wort.« Hier wird eine in Hafenstädten bekannte Szenerie beschworen: Ein Schiff, das aus fernen Ländern kommt, aus der Weite des Meeres, beladen mit unbekannten Schätzen, die den Wartenden an Toren und Kaimauern nun mitgeteilt werden. Oder es steigt von der Schiffsplanke ein noch fremder, doch schon herbeigesehnter Gast, ein Liebender. Das sind Symbole für den Advent.

Und ein anderes ist noch naheliegender: Eine Frau erwartet ein Kind. Monatelang haben ihre Wünsche und Fantasien, ihre Ängste und Träume sich mit diesem Kind beschäftigt, hat sie sich gefragt, wie sie die Entbindung durchstehen, wie das Kind wohl sein wird. Aber wenn es dann geboren wird, ist es noch einmal anders, ganz anders, als sie es sich hatte vorstellen können. Es ist, als komme dieses Kind nicht aus ihr, sondern aus einer anderen Welt.

All dem entspricht ein Bild, das aus innerem, seelischem Erleben kommt: Das plötzliche Eintreten eines Engels als eines Boten aus unbekannter Wirklichkeit. So erscheint dem Priester Zacharias während seines Dienstes im Tempel plötzlich ein Engel und kündigt ihm die Geburt eines Sohnes an. So tritt der Engel Gabriel zu Maria herein und grüßt sie.

Zu der Ankunft, die Advent meint, gehören demnach immer mindestens zwei: jemand, der kommt, und jemand, der den Kommenden empfängt. Damit ein Ereignis zum Advent wird, muss eine Kommunikation möglich werden, auch wenn diese Kommunikation einen Abstand überbrücken muss, den zwischen Ortsgebundenem und Fremdem, zwischen Diesseits und Jenseits.

Allzu lange ist in der Theologie diese Kommunikation ausgeblendet worden. Da war zwar von Jesus die Rede, der in Jerusalem einzieht, aber nicht von der Tochter Zion, die ihn empfängt. Da war die Rede von Gott, der Mensch wird, aber nicht von dem Menschen, der Gottes voll wird. Anders ausgedrückt: Es gab eine Theologie der Offenbarung, aber keine Anthropologie des Empfangens. Die Karawane des Heils fand keine Stadt mehr, die sich ihr öffnet, das Schiff, geladen mit Gottes Wort, fand keinen Hafen mehr, in den es einlaufen konnte. Man könnte auch sagen, der Engel Gabriel fand keine Jungfrau Maria mehr, die da sagte: »Mir geschehe, wie du gesagt hast.«

Und wo niemand ist, der empfängt, scheint auch niemand kommen zu wollen.

Eine Anthropologie des Empfangens hat die Aufgabe, den Weg der Ankunft vorzubereiten. Der Prophet forderte dazu auf: »Horch, es ruft: In der Wüste bahnet den Weg des Herrn; macht in der Steppe eine gerade Straße für Gott! Jedes Tal soll sich erheben, und jeder Berg und Hügel soll sich senken, und das Höckerige soll zur Ebene werden und die Höhen zum Talgrund, damit der Glanz Gottes sich offenbare und alle Menschen es sehen« (Jesaja 43).

Eine Anthropologie des Empfangens hat sich mit der Tatsache auseinanderzusetzen, dass die Seele im Grunde bräutlich ist, aber von anderen okkupiert wie Jerusalem von den Römern, und daher die Türen niedrig, die Tore eng, die Wege uneben sind. Diese doppelte Wirklichkeit wahrzunehmen, hat die Verkündigung so lange schon versäumt, dass sie inzwischen daran irre geworden ist, ob denn da überhaupt wer kommt.

Eine Anthropologie des Empfangens wird ein Menschenbild beiseitezuräumen haben, das den Menschen zum tauben und blinden Sünder stempelt, der zum Heil geradezu gezwungen werden müsse. Statt die Tore weit und die Türen hoch zu machen, hat dieses Menschenbild Angst und Minderwertigkeitsgefühle verbreitet. Statt die Höhen zum Talgrund zu machen und das Höckerige eben, hat die Theologie ein Gebirge theologischer Spitzfindigkeiten aufgetürmt und die moralischen Hürden für ein wohlanständiges bürgerlich-christliches Leben in den Weg gestellt.

Eine Anthropologie des Empfangens wird stattdessen wahrnehmen, dass der Advent Gottes in der Seele des Menschen längst vorbereitet ist, sich längst ereignet hat und sich immer neu ereignet, nur dass viele selbst nicht begreifen, was ihnen widerfährt. Sie wird, statt zu meinen, der Amtsträger sei der Verkünder, also der Bringer des Wortes Gottes, begreifen, dass Theologen bestenfalls die Deuter dessen sein können, was Gott im Menschen wirkt.

Denn viele bleiben stumm wie Zacharias, dem ein Engel begegnet war. Das hatte ihn so erschreckt, und er war so wenig imstande, dieses Erlebnis mit seinen bisherigen Ritualen und Glaubensvorstellungen in Einklang zu bringen, dass es ihm die Sprache verschlug. Viel mehr Menschen, als man es für möglich hält, machen heute religiöse Erfahrungen, die ihnen so unheimlich sind, dass sie fürchten, für verrückt gehalten zu werden, und darüber schweigen. Die Kirche beklagt seit Jahrzehnten die Glaubenslosigkeit der Menschen, dabei leben wir in einem religiös außerordentlich aufgeladenen Zeitalter, nur dass die Deutungsfähigkeit der Theologie damit nicht mithalten kann, weil sie sich an ihre eingeschliffenen Dogmen und die Schrift hält und der Flut der religiösen Erscheinungen hilflos gegenübersteht.

Eine Anthropologie des Empfangens geht den Menschen nach, die vor Schreck verstummt sind, sie konzentriert sich auf das Zuhören und Verstehen, deutet ihnen ihre Bilder und entdeckt darin den Advent Gottes bei den Menschen.

Eine Anthropologie des Empfangens setzt voraus, dass die Bilder vom Advent in der Seele des Menschen als Muster des Erlebens vorgebildet sind. Es sind Bilder, die aus Mythen und Märchen seit langem bekannt sind. Welcher Mann, welche Frau hätte noch niemals die Ankunft eines geliebten Menschen erwartet? In wessen Seele gäbe es nicht die Bilder von einer Geliebten oder einem fremden, faszinierenden Geliebten, auf die oder den sich die geheime Sehnsucht richtet? Liebeserfahrung und religiöse Erfahrung liegen nahe beieinander, berühren und überschneiden sich. Hier wie dort geht es um Begegnung, um die Kommunikation einander Fremder, die in Schrecken und Freude miteinander vertraut werden. Die Sprache der Liebe und ebenso die der Mythen und Märchen ist darum auch die Sprache des Glaubens.

Eine Anthropologie des Empfangens nimmt diese Bildsprache ernst, statt, wie die Theologie es lange tat, arrogant oder gleichgültig darüber hinwegzugehen. Wer die Wege der Seele verschüttet, verschüttet auch die

Wege, auf denen sich Gott der Seele mitteilt. Denn das Seelentor, durch welches die Liebe eingeht, gleicht dem Seelentor, an welchem sich der Advent Christi im Einzelnen ereignet.

Eine Anthropologie des Empfangens bleibt trotzdem nicht unkritisch gegenüber dem Hoffen, Sehnen und Wünschen der Seele. Sie fördert vielmehr eine Kultur des Wünschens. Denn unsere Wünsche und Sehnsüchte gleichen Transformatoren unserer seelischen Energie.

Eine Anthropologie des Empfangens hält sich nicht mit der Frage auf, wo Gott sei oder ob es ihn gebe, sondern fragt danach, was den Menschen daran hindert, ihn einzulassen. Eines der Hindernisse ist das Verkümmern der Wünschkraft überhaupt. Denn sie hält die Utopie wach, sie facht die Flamme der Hoffnung an und leistet damit Widerstand gegen die finsteren Thesen, dass alles keinen Sinn mehr habe, weil der Mensch nun einmal böse sei und seinen Untergang selbst herbeiführen werde. Aus einer solchen Resignation wächst nichts mehr, eine solche Gesinnung sperrt Gott und seinen Advent aus dem Menschen und der Welt aus.

Die Versuchung, sich den Thesen vom Untergang zu beugen, ist groß. Und auch individuelle seelische Wunden werden rasch zur Einbruchstelle des kollektiven Schreckens. Wer schwer krank ist, kann bald nur noch das Ende der Welt sehen. Wer einen geliebten Menschen durch den Tod verloren hat, ist für einige Zeit nicht imstande, für den heilenden Advent Gottes empfänglich zu sein. Wer sich verraten und ungeliebt fühlt, sieht auch in der Welt nur noch Lüge und Verrat. Eine Anthropologie des Empfangens stellt solchen Menschen einen an die Seite, der zuhört und versteht, statt ihn mit einer Botschaft zu konfrontieren, die er im Moment nicht aufnehmen kann. Der Advent Gottes ist kein *deus ex machina*, der das wegbereitende Tun des Menschen überflüssig machte.

Eine Anthropologie des Empfangens räumt jedem Menschen Zeit für seine individuellen Entwicklungsphasen ein, für seine Wege und Umwege. Sie bereitet Wege, aber nicht *den* Weg. Sie liest die Bibel nicht als Quelle dogmatischer Lehrsätze, sondern als eine Sammlung der tausend Weisen des Advents Gottes, als eine unendliche Geschichte durch die Zeiten und Generationen – von Stimmen und Visionen, Träumen, Engelbegegnungen und Heilungserfahrungen, von Wanderungen und Haltepunkten, als Erzählungen von Tanz und Gesang, von Liebe, Geburt und Leiden. Jedes nur erdenkliche Erleben kann der Hafen sein, in den das Schiff einfährt, des Gottes voll. Angelus Silesius sagte: »Mensch, so du etwas bist, so bleib doch ja nicht stehn. Man muss von einem Licht fort in ein andres gehn.« Die Frage an unsere eigene Seele ist zu stellen: Was wünschst du, wonach sehnst du dich?, und dann Ausschau zu halten nach dem, der da kommt und das Wünschen und Sehnen erfüllt, wach werden für den Advent. Für ein Geschehen, das einer Öffnung bedarf, damit aus jenem Reservoir des Geistes, das wir nicht geschaffen haben, etwas eindringt in unser Ich, unser Bewusstsein, unser Leben, es bereichert und wandelt und uns den Stern zeigt, dem nachzugehen sich von nun an lohnt.

Das Potenzial der Erneuerung liegt allen widersprechenden Meinungen zum Trotz im Menschen durchaus bereit. »Es ist«, schrieb der Apostel, »noch nicht erschienen, was wir sein werden« (1. Joh 3,2). Damit ist keineswegs gesagt, was von besorgten Leuten der Kirche immer wieder eingewendet wird, es gehe beim Reden davon um Selbsterlösung. Aber es wäre ebenso unsinnig, von der Menschwerdung Gottes zu predigen und dann ausgerechnet den Menschen für unfähig zu erklären, Gott aufzunehmen. Mit anderen Worten: Gerade auch in den Utopien, in den Sehnsüchten und Träumen der Menschheit ist etwas vom Herabkommen göttlichen Geistes in den Menschen wahrzunehmen. Und das zu leugnen, bedeutete, Gott aus der Welt herauszudrängen, ihm die Wohnung im Menschen zu verweigern.

Träumen und Wachen

in Bibel und Gegenwart

»Heute Nacht träumte ich, ich sei ein Schmetterling und flöge über eine Wiese voller Blumen. Nun, da ich aufgewacht bin, weiß ich nicht recht, bin ich nun ein Mensch, der geträumt hat, ein Schmetterling zu sein, oder bin ich ein Schmetterling, der jetzt träumt, ein Mensch zu sein?«

Man mag über diese Überlegung des chinesischen Weisen Tschuang Tse lächeln, in Wahrheit ist es aber nicht zu entscheiden, welche Wirklichkeit wirklicher ist, die geträumte oder die, die wir als real betrachten. Die moderne Forschung hat herausgefunden, dass der Mensch in jeder Nacht träumt, unanhängig davon, ob er es am Morgen weiß oder nicht. Sie vermutet auch, dass das Träumen für das Gehirn eine bedeutsame Funktion hat, zum Beispiel für das Gedächtnis, aber über den Inhalt der Träume kann die Wissenschaft keine Aussagen machen. Ganz anders war und ist es wohl noch heute bei den Naturvölkern. Da gelten die Träume als göttliche Botschaften. Mit Befremden berichteten Jesuiten im 17. Jahrhundert über den Stamm der Huronen, einen nordamerikanischen Indianerstamm:

»Der Traum ist das Orakel, welches von allen diesen Völkern befragt und befolgt wird, der Prophet, welcher ihnen zukünftige Dinge voraussagt, die Kassandra, welche ihnen das Unglück ankündigt, was sie bedroht, der gewöhnliche Arzt für ihre Krankheiten, der Äskulap des ganzen Landes; er ist der absoluteste Herrscher, den sie haben. Wenn ein Häuptling auf der einen Seite befiehlt und ein Traum auf der anderen, so kann der Häuptling schreien, bis ihm der Kopf platzt, dem Traum wird zuerst gehorcht. Er ist ihr Merkur auf Reisen, ihr Ökonom in der Familie; der Traum leitet oft ihre Versammlungen; der

Handel, der Fischfang, die Jagd werden gewöhnlich mit seiner Einwilligung unternommen und sind beinahe nur da, um ihn zufriedenzustellen; es gibt nichts, und sei es auch noch so kostbar, dessen sie sich nicht gern auf Grund irgendeines Traumes berauben. Er ist wirklich der Hauptgott der Huronen.«

Rührend zu hören, dass da ein Häuptling schreien kann, bis ihm der Kopf platzt, und ihm nicht gehorcht wird; heute und hierzulande könnten die Träume schreien, ohne dass jemand sie ernst nähme. Der Berliner Psychotherapeut Hans Dieckmann schreibt nachdenklich:

»Es ist an sich nur eine kulturelle Übereinkunft, wenn wir den größeren Wertakzent auf die Realität der Außenwelt legen. Einen Wahrheitsbeweis für einen überlegenen Wert der Außenwelt und des Bewusstseins gegenüber der Innenwelt und dem Unbewussten gibt es wissenschaftlich nicht, genauso wenig wie für das Umgekehrte.«

Was bei den Huronen die Träume waren, sind bei vielen anderen Naturvölkern die Ahnen. Stammesälteste und Schamanen treffen keine Entscheidung, ohne in entsprechenden Ritualen die Ahnen zu befragen. Mit den Ahnen meinen sie die unmittelbaren Vorfahren des Stammes, aber auch mythische Urahnen. Der tuwinische Nomadenfürst Galsan Tschinag ist überzeugt:

»Wenn mein Vater stirbt, ist er zum Himmel geworden. Das ist Ahnenkult. Es ist für mich ein erhabenes Gefühl, dass auch ich eines Tages Teilhimmel sein werde, ein Stern, Teil-Luft, Teil-Wind, Teil-Licht... ein Pünktchen in einem großen Runden.«

Die Ahnen sind nach dieser Vorstellung nicht Vergangenheit und weit weg, sondern gegenwärtig und in der umgebenden Welt erreichbar. Diesseits und Anderswelt wohnen nah beieinander. Ganz anders die westliche Tradition. Sie hat sozusagen verabredet, dass das Ich frei ist, zu tun und zu lassen, was es will, und Träume oder Ahnen haben für den Alltag keine Bedeutung.

Trotzdem gibt ein Dichter wie Rainer Maria Rilke zu bedenken:

»Bedenk, ist irgend Leben mehr erlebt
als deiner Träume Bilder? Und mehr dein?
Du schläfst allein. Die Türe ist verriegelt.
Nichts kann geschehn. Und doch, von dir gespiegelt,
hängt eine fremde Welt in dich hinein.«

Diese »fremde Welt, die da in uns hineinhängt«, ist so bunt, so verstörend oder beglückend, dass sie das eigene Befinden dennoch stark beeinflusst und zum Nachdenken anregt. Der große Leidende der Bibel, Hiob, klagt, dass er nicht einmal im Schlaf Zuflucht und Ruhe findet:

»Wenn ich denke, trösten soll mich mein Bett, mein Lager soll meine Klage erleichtern, so schreckst du mich mit Träumen, und durch Nachtgesichte störst du mich auf, dass meine Seele lieber ersticken möchte und den Tod vorzöge meinen Qualen« (Hiob 7,13).

Der Angeredete, bei dem Hiob sich beklagt, ist Gott. Nach biblischer Überzeugung ist es immer Gott, der die Träume schickt, und in den biblischen Erzählungen sind die Träume Vorhersagen der Zukunft. Berühmt die Geschichte von Josef, der von seinen eifersüchtigen Brüdern als Sklave nach Ägypten verkauft wurde und dort in Gefängnis landete.

Im 1. Buch Mose im 41. Kapitel erfährt man von seinem Aufstieg: Der Pharao hatte einen beunruhigenden Traum. Darum sandte er hin und ließ alle Wahrsager und alle Weisen von ganz Ägypten rufen, aber es war keiner, der ihn auslegen konnte. Endlich fällt dem Mundschenk der hebräische Sklave ein, der ihm im Gefängnis einen Traum gedeutet hatte. So wird Josef herbeigerufen, und der Pharao klagt ihm: »Ich habe einen Traum gehabt, und niemand kann ihn auslegen.« Josef antwortet bescheiden, aber voller Gottvertrauen: »Bei mir steht das nicht (ob ich den Traum deuten kann), Gott wird dem Pharao Heil verkündigen.« Er deutet dem Pharao die sieben fetten und die sieben mageren Kühe, die fetten und die mageren Ähren, die er im Traum gesehen hat, und fügt hinzu: »Dass aber dem Pharao zweimal geträumt hat, das bedeutet, dass die Sache bei Gott fest beschlossen ist und dass Gott es alsbald tun wird. Nun sehe sich der Pharao nach einem weisen und verständigen Manne um, den er über das Land Ägypten setze.«

In dieser Erzählung steckt die doppelte Aussage, dass Gott die Träume schickt, dass es aber auch der Gott Israels ist, der seinen Auserwählten die Gabe verleiht, sie zu verstehen und zu deuten. Josef gibt dem Pharao konkrete Handlungsanweisungen für die kommenden Jahre. Die ägyptischen Weisen und Wahrsager verblassen neben Josef. Noch drastischer wird das Versagen der Wahrsager am Hofe heidnischer Herrscher und die Geistbegabung des jüdischen Frommen im Buch Daniel geschildert.

Im zweiten Jahr seiner Regierung hatte Nebukadnezar, der König von Babylon, einen Traum, und sein Geist wurde beunruhigt, und es floh ihn der Schlaf. Da befahl der König, die Gelehrten und Beschwörer, die Zauberer und Chaldäer zu berufen, und ihm kundzutun, was er geträumt hat. Er sagt zu ihnen: »Ich habe einen Traum gehabt, und nun ist mein Geist beunruhigt, da ich den Traum verstehen möchte.« Sie baten ihn, den Traum zu erzählen, aber er weigerte sich: »Wenn ihr mir den Traum und seine Deutung kundtun könnt, so werdet ihr Geschenke und Gaben und Ehre empfangen. – Falls ihr mir den Traum nicht angeben könnt, trifft euch ein und dasselbe Urteil.« Die Zusammengerufenen erklären: »Es ist kein Mensch auf Erden, der kundtun könnte, was der König will, es hat denn auch noch kein König, so groß und mächtig er war, solches von irgendeinem Gelehrten oder Beschwörer verlangt. Was der König verlangt, ist zu schwer, und niemand anders vermöchte es dem König kundzutun, als allein die Götter, und diese wohnen ja nicht bei den Sterblichen.« Da befahl der König in seinem

Zorn, sie alle hinzurichten. Davon wäre auch Daniel betroffen gewesen, der als Geisel am Hofe Nebukadnezars weilte. Er erwirkte für alle einen Aufschub der Hinrichtung und betete zu seinem Gott, denn ihm wurde offenbart, was der König geträumt hatte, und er verstand den Traum auch zu deuten, nämlich dass das Reich von Babylon keinen Bestand haben werde (Daniel 2).

An altorientalischen Herrscherhöfen war es demnach eine lebensgefährliche Angelegenheit, zu den professionellen Traumdeutern zu zählen, wenn die Träumer noch dazu nicht einmal bereit waren, ihren Traum zu erzählen. Daniels Geistbegabung und die Überlegenheit des Gottes Israel über alle anderen Götter wird in einer weiteren Erzählung noch einmal betont:

Belsatzar, der Nachfolger Nebukadnezars, saß mit seinem Gefolge beim Wein. »Auf einmal kamen Finger einer Menschenhand zum Vorschein, die schrieben dem Leuchter gegenüber auf die getünchte Wand des königlichen Palastes, und der König sah die Hand, die da schrieb. Da verfärbte sich sein Antlitz und beängstigende Gedanken befielen ihn, seine Hüftgelenke wurden kraftlos und seine Knie schlugen aneinander. Und der König schrie, man solle die Beschwörer, die Chaldäer und Sterndeuter hereinholen. »Wer diese Schrift lesen kann und mir kundtut, was sie bedeutet, der sei in Purpur gekleidet und er soll um den Hals eine goldene Kette tragen und er soll eine hohe Stelle bekommen.« Nun kamen wohl alle Weisen, aber sie konnten die Schrift nicht lesen noch dem König sagen, was sie bedeutet. Da bekam der König noch mehr Angst, aber seine Mutter wusste Rat und empfahl ihm, Daniel zu rufen, »weil er ein außerordentlicher Geist ist und Einsicht und Verstand, Träume auszulegen, Rätsel zu deuten und Knoten zu lösen bei ihm zu finden ist«. Daniel wird gerufen, weist die versprochenen Geschenke ab und sagt: »Gott hat die Hand gesandt, und die Schrift, die da geschrieben steht, lautet: Mene, Mene, Thekel Upharsin, das bedeutet, du bist gewogen und zu leicht befunden worden und dein Reich wird zerfallen und den Medern und Persern gegeben werden.« Der biblische Erzähler fügt mit Genugtuung hinzu, dass Belsatzar noch in derselben Nacht ermordet wurde (Daniel 5).

Träume und Visionen sind demnach so wesentlich, dass sie mächtige Herrscher in Angst und Schrecken versetzen. Träume, Vorhersagen der nahen Zukunft und Traumdeutung sind eine besondere Gabe Gottes, allen heidnischen Traumdeutern und Weisen überlegen. Die von Gott Erwählten aber brauchen keinen besonderen Traumdeuter.

Als Jakob seinen berühmten Traum von der Himmelsleiter hatte, verstand er den Segen und das Versprechen Gottes unmittelbar. Im Neuen Testament ist es ähnlich: Josef, dem Verlobten Marias, erschien im Traum zweimal ein Engel, der ihm deutlich sagte, was er zu tun hatte: einmal seine schwangere Verlobte zu sich zu nehmen und dann mit Maria und dem Kind nach Ägypten zu fliehen, um sie vor den Nachstellungen des Königs Herodes zu bewahren.

Nach biblischer Überzeugung sind Träume und ihre Deutung demnach von Gott und seinem Geist gesandt. Der Apostel Petrus beginnt seine Pfingstrede mit dem Prophetenwort von Joel:

»Es wird geschehen in den letzten Tagen, da werde ich ausgießen von meinem Geist über alles Lebendige, eure Söhne und Töchter werden weissagen und eure jungen Männer werden Visionen und eure Alten werden Träume haben« (Apg 2,17).

Träume und Visionen vom auferstandenen Christus, wie sie etwa Saulus vor Damaskus hatte, waren bei den ersten Christen offenbar ein Ausweis der Berufung zum Christen und der Begabung mit dem heiligen Geist. Was ist in den zwei Jahrtausenden seither geschehen, dass man heute »Träume als Gottes vergessene Sprache« (Helmut Hark) bezeichnet?

Es ist in der Kirchengeschichte nicht ungefährlich gewesen, sich auf seine eigenen Träume und Visionen zu berufen, allzu oft verdächtigte man sie, Einflüsterungen des Antichristen, des Teufels zu sein, und nicht wenige Träumer und Visionäre sind als Ketzer hingerichtet worden. In der Zeit der Renaissance und der Aufklärung wurde endlich das vernunftbegabte Ich so in den Mittelpunkt der Kultur gerückt, dass die Traumwelt schließlich ganz in den Schatten gedrängt wurde. So könnte man eine lange Geschichte kurz zusammenfassen.

Wenn seit Anfang des 20. Jahrhunderts Sigmund Freud und Carl Gustav Jung und in ihrer Folge zahlreiche Psychotherapeuten von Träumen reden und schreiben, haben sie einen ganz anderen Ansatz. Ihnen geht es weder um Gottes Stimme noch um eine Zukunftsvorhersage, sondern um Selbsterkenntnis, womöglich um Heilung. Träume sind nach ihrer Auffassung eine Möglichkeit für das Ich, eine Beziehung zu dem aufzunehmen, was sie das Unbewusste nennen. Während Freud mit dem Unbewussten die verdrängten natürlichen Triebe meinte, erweiterte Jung diesen Begriff zum »kollektiven Unbewussten«, einem psychischen Reich, das auch alle Erfahrungen der Menschheitsgeschichte enthält. Das Unbewusste ist nach Jung eine »autonome innere Welt«, die dem Bewusstsein gleichwertig gegenübersteht. Das Unbewusste ist für ihn nicht Gott, sondern Natur. Eine Natur allerdings, die sozusagen der Mutterboden des Bewusstseins ist und außerdem von sich aus die Tendenz hat, bewusst zu werden. C. G. Jung schreibt zum Beispiel:

»Die spezifische Bewusstseinsäußerung des Unbewussten ist das Träumen. Wie die Seele eine Tagseite, das Bewusstsein, hat, so hat sie auch eine Nachtseite, das unbewusste psychische Funktionieren, das man als traumhaftes Fantasieren auffassen könnte. Wie es nun auch im Bewusstsein nicht nur Wünsche und Befürchtungen, sondern noch unendlich viele andere Dinge gibt, so besteht auch die allergrößte Wahrscheinlichkeit dafür, dass unsere Traumseele über einen ähnlichen, vielleicht sogar noch viel größeren Reichtum an Inhalts- und Lebensmöglichkeiten verfügt als das Bewusstsein, dessen essentielle Natur Konzentration, Einschränkung und Ausschließlichkeit ist.«

Dieser Satz über den »größeren Reichtum an Inhalts- und Lebensmöglichkeiten« stimmt nachdenklich in Bezug auf die Relativität unseres bewussten Standpunktes. Dazu als Beispiel der Traum einer 37-jährigen Frau, die gerade ihr viertes Kind bekommen hatte, als ihr Mann lebensbedrohlich erkrankte. Da ihr Mann sich gerade selbstständig gemacht hatte, kamen existenzielle Sorgen dazu:

»Ich weiß, dass ich auf einen Baum klettern muss. Eine gebieterische Stimme sagt das. Ich klettere also auf den Baum, ich bin erstaunt, wie gut ich das noch kann. Oben angekommen heißt es: Jetzt schweben! Ich breite meine Arme aus und mache Flugbewegungen. Schweben!, heißt es erneut. Ich wage zu schweben. Die Luft trägt, ich erinnere mich daran, dass ich das als Kind schon konnte. Ich werde immer mutiger, ich werde immer mehr in die Höhe getragen. Jemand hält mich an der Hand. Es scheint eine Frau zu sein, aber wenn ich hinschaue, sehe ich nur fließende Bewegungen, wie wenn die Frau mit bläulichen Schleiern bekleidet wäre. Dann sehe ich wieder überhaupt nichts, spüre nur eine sichere Hand, die dennoch nicht allzu hart zugreift. Ich fühle mich total frei und doch gehalten. Es ist ein wunderschönes Lebensgefühl, ich bin total begeistert. Ich will nicht erwachen, erwache aber, weil eines der Kinder ruft.«

Die Schweizer Psychotherapeutin Verena Kast zu diesem Traum:

»Dieser Traum, so die Träumerin, habe ihr Lebensgefühl verändert: Das Gefühl von Freiheit, von Begeisterung sei noch lange zurückgeblieben, und sie könne sich auch immer wieder in diesen Traum hineinfühlen. Der Traum habe sie darauf hingewiesen, dass das Leben

156

nicht nur aus den Schwierigkeiten bestehe, mit denen sie sich im Moment herumschlage. Natürlich gebe es die Ebene der Windeln, der Krankheit, jedoch immer auch noch die ›vertikale Ebene‹, Freiheit, Leichtigkeit, Gehaltensein, Vertrauen – und einfach viel Freude.«

Durch solche großen Träume, die oft in existenziellen Krisensituationen auftreten, kann die Religion, die viele aus ihrem Leben ausgeklammert haben, unversehens wieder bedeutsam werden. C. G. Jung schrieb dazu:

»Es ist gleichgültig, was die Welt über die religiöse Erfahrung denkt; derjenige, der sie hat, besitzt den großen Schatz einer Sache, die ihm zu einer Quelle von Leben, Sinn und Schönheit wurde, und die der Welt und der Menschheit einen neuen Glanz geben. Gibt es tatsächlich irgendeine bessere Wahrheit über letzte Dinge als diejenige, die einem hilft zu leben? Das ist der Grund, weshalb ich die vom Unbewussten geschaffenen Symbole sorgfältig berücksichtige. Sie sind das einzige, das imstande ist, den kritischen Geist des modernen Menschen zu überzeugen. Sie sind subjektiv überzeugend aus sehr altmodischen Gründen: Sie sind überwältigend. Niemand kann wissen, was die letzten Dinge sind. Wir müssen sie deshalb so nehmen, wie wir sie erfahren. Und wenn eine solche Erfahrung dazu hilft, das Leben gesünder oder schöner oder vollständiger oder sinnvoller zu gestalten, für einen selbst und für die, die man liebt, so kann man ruhig sagen: ›Es war eine Gnade Gottes.‹«

Nun sind gewiss nicht alle Träume so klar und erhebend wie der jener 37-jährigen Mutter, aber es wäre doch undankbar, sie abzuweisen. Ein solcher Traum erinnert an das, was Menschen sich immer wieder von Engeln erzählen. Eugen Drewermann meint dazu:

»Der ›Engel‹ ist in den Erzählungen der Alten das Wesensbild, die Urgestalt der eigenen Person, die Form der Existenz, als die der Einzelne geschaffen worden ist; im Bild des ›Engels‹ redet, theologisch ausgedrückt, Gott in der Gestalt des eigenen Wesens zum Menschen; der ›Engel‹ ist, wenn man so will, das Existenzgewissen des Daseins, das Grundbild, auf das hin Gott den Menschen geformt hat. Nur in der Tiefe der Seele, niemals im ›Wachzustand‹, im ausgeklügelten Bewusstsein, nur in den Träumen des Unbewussten tritt diese Gestalt des eigenen Wesens dem Menschen entgegen und mahnt, warnt, deutet, weist zurecht und hält von Schaden fern. ›Traum‹ heißt hier gerade nicht: willkürlich fantasieren; es heißt: sich ganz nach innen wenden und dem eigenen Wesen lauschen. Wie Blumen nachts die Blütenkelche schließen, um sich ganz in sich selbst zu sammeln, ehe sie am Morgen das Licht, den Wind und die Insekten wieder in sich aufnehmen, so ist der Traum ein Anschauen seiner selbst im Innern vor der Öffnung zur äußeren Realität. Nicht Willkür, sondern Wegweisung, Gehorsam, Offenbarung ist der Traum, eine Sinndeutung und Erklärung des sonst nicht Akzeptablen, ein göttlicher Befehl, um das an sich so Fremde des eigenen Herzens als das Eigene anzuerkennen und vor aller Augen sich zu ihm offen und unzweideutig zu bekennen.«

Erkenne dich selbst und werde, der du bist, ist demnach der Inhalt der Traumbotschaft. So die Überzeugung derer, die heute die Träume wieder sorgsam beachten. Der Psychoanalytiker Hans Dieckmann merkt im Vergleich zur Kultur der Naturvölker an:

»Es handelt sich natürlich um eine Extremvariante, wenn von diesen Naturvölkern ausschließlich der ›Meinung‹ des Unbewussten gehorcht wird. Diese Extremvariante ist für den Europäer mit seinem stärker ausgeprägten Bewusstsein nicht akzeptabel. Es scheint fast, als ob wir mehr dem anderen Extrem verfallen und uns nur vom Bewusstsein steuern lassen. Es sollte eigentlich die Auffassung gelten, dass die Psyche beides ist, Bewusstes und Unbewusstes, wobei zwischen diesen beiden ein gültiger Kompromiss zu finden wäre, ein Mittelweg, der beide Seiten berücksichtigt.«

Ein Mittelweg, ein Kompromiss mag für die Bewältigung des Alltags sinnvoll sein. Aber auch Dieckmann weiß, dass es Träume gibt, die gar keine Beziehung zum bewussten Ich zu haben scheinen.

»Diese Träume sind das Produkt unbewusster Prozesse, wobei die ganze Aktivität vorwiegend oder ausschließlich beim Unbewussten liegt und eine Beziehung zum Bewusstsein und dessen Positionen aus dem Trauminhalt selbst nicht mehr erkennbar ist. Diese Träume haben einen eigenartigen, schwer deutbaren Charakter, sind aber inhaltlich sehr wichtig und bedeutsam, da sie unter Umständen eine bewusste Haltung völlig verändern oder umkehren können.«

Diese Art von Träumen kann die bewusste Einstellung derartig erschüttern, dass die Träumer ihr Leben ändern müssen. C. G. Jung nannte sie archetypische Träume, die eine hohe energetische Ladung haben. Eine solche Energie ist unheimlich, sie passt nicht in das heutige Weltbild. Nun fordert das Neue Testament aber nicht zum Träumen auf, sondern im Gegenteil sehr dringend zum Wachen:

»Wacht, denn ihr wisst nicht, an welchem Tag euer Herr kommt«, rät Jesus den Jüngern (Mt 24,42). »Könnt ihr nicht eine Stunde mit mir wachen?«, klagt er in Getsemani. »Wacht, steht im Glauben, seid männlich, seid stark« (1 Kor 16,13), schreibt der Apostel Paulus.

Es wäre zu einfach, dieses Wachen als das übliche alltägliche Wachsein zu verstehen. Nicht wenige spirituelle Meister deuten gerade das alltägliche Wachsein als einen Schlaf oder ein unbewusstes Dahindämmern. Eher ist mit dem Aufruf zum Wachen ein *Überwach*-Sein gemeint, das über die Gegenwart hinaus offen ist für das Kommen Christi. Sicher gehört zur spirituellen Praxis immer auch das Durchwachen einer Nacht. Aber solche Nachtwachen sind mit Gebet oder Meditation verbunden, also mit intensiver Konzentration auf das gerade nicht Alltägliche.

Ein Beispiel dafür ist die Erzählung von Maria Magdalena. Früh, als es noch dunkel war, war sie zum Grab Jesu gegangen. Sie hat also nicht geschlafen, war aber ganz erfüllt von Schmerz und Trauer über den Tod ihres geliebten Meisters. Da erreichte sie der Ruf des Auferstandenen, der sie beim Namen rief. Nach dieser Erzählung ist die Realität des Todes auch eine Art Traum und die Erscheinung des Auferstandenen das wirkliche Erwachen.

Gemessen an der Übereinkunft der heutigen Bewusstseinslage hatte Maria Magdalena aber am Ostermorgen allenfalls eine Vision. Das Wachen, zu dem das Neue Testament auffordert, ist aber offenbar die Bereitschaft zu ebensolcher Wahrnehmung des Überwirklichen, wie es ein frühchristliches Lied andeutet:

»Wach auf, der du schläfst, und steh auf von den Toten, so wird Christus dir als Licht aufgehen« (Eph 5,14).

Was Bewusstsein ist, was Traum, was Wirklichkeit, was Vision, ist nicht so leicht zu unterscheiden, wie allgemein angenommen wird. Mit den Worten von Tschuang Tse können wir nicht eindeutig entscheiden, ob wir ein Mensch sind, der von einem Schmetterling träumt, oder ein Schmetterling, der träumt, ein Mensch zu sein. Wer weiß, womöglich gibt es aber noch eine übergreifende Wirklichkeit, die beide einschließt? C. G. Jung gibt jedenfalls zu bedenken:

»Diejenige psychologische Tatsache, welche die größte Macht in einem Menschen besitzt, wirkt als Gott, weil es immer der überwältigende psychische Faktor ist, der Gott genannt wird.«

Das Christentum von morgen wird mystisch sein oder nicht mehr sein

Die Quelle aller Frömmigkeit

»Der Fromme von morgen wird ein Mystiker sein, einer, der etwas erfahren hat, oder er wird nicht mehr sein«, hat Karl Rahner, der große katholische Theologe des 20. Jahrhunderts, immer wieder gesagt. Nun erscheint nichts der Kirche von heute so abwegig und verdächtig wie Mystik. »Mystisch« – das ist auch für viele Christen gleichbedeutend mit unverständlich, abseitig, weltabgewandt und auf jeden Fall dunkel. Dabei haben in allen Jahrhunderten der Kirchengeschichte und in allen Konfessionen bedeutende Mystikerinnen und Mystiker gelebt, zum Teil solche, deren Leben als beispielhaft christlich gilt. Unter den vielen seien nur vier genannt, die am bekanntesten sind: Hildegard von Bingen, Teresa von Avila, Meister Eckart und Franz von Assisi. Sie waren alles andere als weltabgewandt, haben vielmehr sozial, politisch und innerhalb der Kirche so nachhaltig gewirkt, dass sie bis heute unvergessen sind. Ja, man könnte das Wort von Karl Rahner auch auf die Geschichte anwenden und sagen: Das Christentum von heute würde nicht mehr sein, wäre es bisher nicht auch mystisch gewesen. Die Mystik ist gleichsam die Quelle aller Frömmigkeit und all dessen, was den christlichen Glauben von innen her mit Glut und Liebe, mit Begeisterung und Innigkeit nährt. Aus dieser inneren Quelle heraus haben die bekannten Mystikerinnen und Mystiker der Kirchengeschichte denn auch die Kraft und die Argumente für eine Erneuerung der Kirche und für soziale Gerechtigkeit gewonnen. Und wenn viele von ihnen zu ihren Lebzeiten angefeindet und von ihrer Kirche als Ketzer verfolgt wurden, dann nicht wegen ihrer tiefen Frömmigkeit, auch weniger wegen ihrer unorthodoxen Lehren, sondern wegen der kirchenpolitischen Konsequenzen, die sie daraus abgeleitet haben. So etwa der Mystiker Friedrich von Spee, der sich in Wort und Tat gegen die Hexenprozesse wandte, nachdem er als Seelsorger für die als Hexen Verurteilten erkannt hatte, dass sie unschuldige Opfer waren.

Das Argument der Weltabgewandtheit oder Weltflucht trifft auf die bekannten Mystikerinnen und Mystiker also nicht zu, es ist ein Vorurteil. Und wo sie weltabgewandt waren, waren sie es, weil sie gottzugewandt lebten – etwas, das sich für jeden Christen von selbst verstehen sollte oder was er sich in stillen Stunden jedenfalls immer wieder vornimmt.

In ihrer Gottzugewandtheit waren Mystiker allerdings so etwas wie Künstler – radikaler, konsequenter, als die meisten es trotz ihres christlichen Bekenntnisses zu sein vermögen oder wagen. Wenn aber Karl Rahner – und zusammen mit ihm eine immer größere Zahl von Zeitgenossen, wie etwa auch Jörg Zink – der Meinung sind, dass Gegenwart und Zukunft des christlichen Glaubens davon abhängen, ob wir Christen Mystiker werden, dann wird die Frage, was das denn sei und wie man es werden könne, aktuell.

Ich schlage dafür folgenden Gedankengang vor: Fragen wir uns einmal, was wir uns darunter vorstellen, religiös zu sein. Man könnte sagen:

Religion ist …
- wenn man für wahr hält, was dem Verstand widerspricht,
- wenn man alte Schriften als heilig verehrt,
- wenn man Rituale einhält, die unvernünftig scheinen,
- wenn man regelmäßig besondere Gebäude wie Kirchen aufsucht,
- wenn man auf Autoritäten hört, statt selbst zu denken,

- wenn man Dogmen für wahr hält,
- wenn man an ein höheres Wesen, einen Schöpfer glaubt, der unsichtbar ist,
- wenn man an ein Weiterleben nach dem Tode glaubt, an Strafe oder Belohnung,
- wenn man trotz der Schrecken der Welt, trotz der Sinnlosigkeit an so etwas wie einen Heilsplan, an einen höheren Sinn glaubt,
- wenn man glaubt, dass der Mensch trotz seiner nachweislichen Verwandtschaft mit dem Tier etwas Besonderes ist.

Das alles mag zutreffen, aber macht einen das schon zu einem religiösen Menschen? Da muss doch noch etwas anderes im Spiel sein. In einem Sciencefiction-Film wird von einem Supercomputer erzählt, der einst als Forschungssonde in den Weltraum geschickt wurde und nun, nach Jahrhunderten, zur Erde zurückkehrt, weil er so etwas wie ein Bewusstsein entwickelt hat und nach seinem Schöpfer sucht. Da die Sonde nicht mehr weiß, dass ihr Schöpfer ein Mensch war, und dieser natürlich längst gestorben ist und auf ihr Signal nicht antwortet, droht sie, die ganze Menschheit auszurotten, bis ein Wissenschaftler sie versteht. Dieser Wissenschaftler sagt zu den anderen, diese Sonde sei wie ein Kind, das sich fragt: »Ist das alles, was ich bin, ist da sonst gar nichts mehr?« Es suche nach seinem Ursprung, nach einem Sinn. »Ein Kind«, erklärt er, »sucht, lernt, es weiß, dass es etwas braucht, aber es weiß einfach nicht was.« Er aber versteht: Das Kind will und muss sich weiterentwickeln, aber es braucht eine neue Dimension – die Vereinigung mit dem Schöpfer. Der Film zeigt dann tatsächlich so etwas wie eine mystische Verschmelzung zwischen jener Sonde und einem Menschenpaar, und dieses neue Wesen entschwindet in den Weiten des Raumes. So dringend war der Wunsch jenes Computers, einen Sinn zu finden, dass er zornig und gewalttätig wie ein ungebärdiges Kind wurde. In Sciencefiction-Filmen und -Romanen wird oft mehr über Religiosität nachgedacht als irgendwo sonst.

Ist der Mensch von heute so religiös, so dringend auf der Suche? Durchaus nicht, meinen die meisten – vor allem weil sich ihre religiöse Sehnsucht in ganz anderem Gewand zeigt, als dem einer der bekannten Religionen. Der kalifornische Theologe Matthew Fox aber stellt gerade auch dem Menschen von heute das Zeugnis aus, dass er sogar sehr mystisch sei, ohne zu merken, dass er einer Pseudomystik anhängt, also einem Mystik-Ersatz. Denn jeder Einzelne sehnt sich nach Sicherheit, nach Geborgenheit, nach einem Halt und Sinn, und diese im Grunde religiöse Sehnsucht findet Ausdruck in allen möglichen Erscheinungen unserer Zeit: im Nationalismus oder Rassismus zum Beispiel oder im Interesse an Geld, Mode oder Prestige, in allen möglichen anderen -ismen, mit denen wir unser Ich überhöhen. Oder aber in der Sucht nach Alkohol, Drogen, Medikamenten, nach Arbeit und Sex. Psychologen von heute bescheinigen dem Menschen von heute, dass er auf geradezu unheimliche Weise süchtig sei, was nur darum nicht auffällt, weil es dabei insbesondere um Konsum und Erfolg geht – also um Lebensinhalte, die sich einer so allgemeinen Anerkennung erfreuen, dass jeder als verrückt und unangepasst gilt, der sich aus ihnen etwa nichts machte. Es handelt sich dabei aber um Pseudomystik. Mit anderen Worten: Wir sind sogar extrem religiös – ob wir es merken und wahrhaben wollen oder nicht. Aber wir geben uns nach dem Urteil derer, die es besser wissen, mit dem Ersatz zufrieden, statt nach dem Echten zu suchen. Das Echte wäre Mystik.

Der Tiefenpsychologe Carl Gustav Jung hat schon vor mehr als einem halben Jahrhundert festgestellt, dass er noch keinen Menschen getroffen habe, bei dem, mindestens von der Lebensmitte an, nicht die Sinnfrage, also die religiöse Frage der Kern seines Problems gewesen sei. Und alle, die sich mit Suchtproblemen befassen, weisen darauf hin, dass in der Sucht ja das Wort »suchen« steckt, dass also der Süchtige so dringend sucht, dass er eine Droge konsumiert – letztlich auch auf der Suche nach seinem Schöpfer, um ihn sich buchstäblich einzuverleiben.

Was Religion ist, lässt sich also nicht an äußeren Gebärden und Ritualen festmachen, auch nicht am Festhalten an noch so ehrwürdigen Traditionen. Religiös ist der Mensch deshalb, weil er sich selbst eine Frage ist, weil er, das mit Ichbewusstsein ausgestattete Tier, über sich selbst und sein endliches Leben auf dieser Erde hinausfragt, weil er den Schöpfer, den Ursprung und damit das Ziel seiner Existenz sucht: letztlich, um damit eins zu werden. Mystiker sind, wie gesagt, die Künstler dieser Suche, deren Ziel die Erleuchtung ist, also das Wissen um den Ursprung, noch viel mehr aber die *Unio mystica*, das Einswerden mit ihm. Denn, so ein Wort von Augustin, »unser Herz ist unruhig, bis es Ruhe findet in Gott«. Eine Suche, die bei vorläufigen Befriedigungen dieser Sehnsucht Halt macht, kommt nicht zur Ruhe, weil mitten in der Erfüllung neue Sehnsucht aufkommt und darum Enttäuschung über das Erreichte. Warum das so ist, sagt einer der Mystiker, der zugleich ein begabter Dichter war, Angelus Silesius:

»Mensch, werde wesentlich,
denn wenn die Welt vergeht, so fällt der Zufall weg,
das Wesen, das besteht.«

Die Eigenart des Wesentlichen aber ist, dass es sich entzieht, dass es unbekannt ist. In den Religionen gibt es Bilder dafür wie die von einem verlorenen Paradies, das wiederzufinden schwer, wenn nicht unmöglich ist, oder von einem Zeitalter, das vergangen ist und vielleicht in ferner Zukunft wiederkehrt, jetzt aber nicht ist. Oder eben von dem unbekannten Gott, der so viel größer und ewiger ist als der Mensch, dass er verborgen und unerkennbar bleibt. Da der Mensch es aber trotzdem nicht lassen kann, nach dem Wesentlichen zu suchen, bieten die Religionen Wege an, um dorthin zu kommen. Wallfahrten, Gebete, Zeremonien, Priester, heilige Schriften. Mystiker haben sich mit diesen Angeboten aber nie zufriedengegeben. Angelus Silesius:

> »Die Schrift ist Schrift, sonst nichts,
>   ich suche Wesenheit
> und dass Gott in mir spricht das Wort der Ewigkeit.«

Oder:

> »Was man von Gott gesagt, das g'nüget mir noch nicht:
> Die Übergottheit ist mein Leben und mein Licht.«

Verglichen mit der Sehnsucht der Mystiker sind auch alle Religionen nur Ersatz, nur veräußerlichte Formen, die den eigentlichen Gehalt eher verdecken als offenbaren. Wo aber dann suchen, wenn weder auf dieser Erde noch in den Religionen zu bekommen ist, was doch unbedingt gefunden werden muss? Die Mystikerinnen und Mystiker haben einen Weg gefunden, der eigentlich kein Weg ist, den nach innen. Angelus Silesius hat es verstanden, ihre Erkenntnis in einfache, bildhafte Worte zu kleiden:

> »Halt an, wo läufst du hin? Der Himmel ist in dir!
> Suchst du Gott anderswo, du fehlst ihn für und für.«

Oder:

> »Wie töricht ist der Mann, der aus der Pfütze trinkt
> und die Fontäne lässt, die ihm im Haus entspringt.«

Nun klagen alle diejenigen, die so etwas hören, aber, dass sie in sich beim besten Willen nichts von dem entdecken könnten, was die Mystiker entzückt berichten. Da wären doch nichts als Dunkelheit, Leere, womöglich Angst und dunkle Leidenschaften, vor denen sie lieber fliehen, als es damit auszuhalten. Und damit endet dann der Weg nach innen, und man hält sich wieder an die erreichbaren Ziele und Zerstreuungen. Und es ärgert einen eher, wenn die Mystiker die Auskunft geben, dass es so einfach eben auch nicht ist:

»Gott ist ein lauter Nichts,
ihn rührt kein Nun noch Hier, je mehr du nach ihm
    greifst, je mehr entwird er dir.«

Solche unlogischen, also paradoxen Sätze finden sich in der mystischen Literatur aller Zeiten und Religionen. Kein Wunder, wenn die meisten die Geduld verlieren und sagen, Mystik sei offenbar etwas für eine paar abseitig Verrückte. In Wahrheit sind sie aber eher Verliebte. Und dass Verliebte auf andere ziemlich verrückt wirken und trotzdem durch nichts vom Ziel ihrer Sehnsucht abzubringen sind, ist schon eher nachvollziehbar. Ein schönes Beispiel dafür hat Conrad Ferdinand Meyer in seiner Ballade »Mit zwei Worten« erzählt:

Am Gestade Palästinas, auf und nieder, Tag um Tag,
»London?« frug die Sarazenin, wo ein Schiff vor
    Anker lag.
»London?« bat sie lang vergebens, nimmer müde,
    nimmer zag,
bis zuletzt an Bord sie brachte eines Bootes Ruder-
    schlag.

Sie betrat das Deck des Seglers und ihr wurde nicht
    gewehrt.
Meer und Himmel. »London?« frug sie, von der
    Heimat abgekehrt.
Suchte, blickte, durch des Schiffers ausgestreckte
    Hand belehrt,
nach den Küsten, wo die Sonne sich in Abendglut
    verzehrt.

»Gilbert?« fragt die Sarazenin im Gedräng der großen
    Stadt,
und die Menge lacht und spottet, bis sie dann
    Erbarmen hat.

»Tausend Gilbert gibt's in London!« Doch sie sucht
und wird nicht matt.

»Labe dich mit Trank und Speise!« Doch sie wird von
Tränen satt.

»Gilbert!« »Nichts als Gilbert? Weißt du keine andern
Worte? Nein?«

»Gilbert!« ... »Hört, das wird der weiland Pilger Gilbert Becket sein,

den gebräunt in Sklavenketten glüher Wüste Sonnenschein -

dem die Bande löste heimlich eines Emirs Töchter-
lein!«

»Pilgrim Gilbert Becket!« dröhnt es, braust es längs
der Themse Strand.

Sieh, da kommt er ihr entgegen, von des Volkes Mund
genannt,

über seine Schwelle führt er, die das Ziel der Reise
fand.

Liebe wandert mit zwei Worten gläubig über Meer
und Land.«

So gläubig-verrückt jene liebende Sarazenin war, sie
wusste doch wenigstens, dass es jenen Gilbert gab und
dass er in London zu Hause war. Mystiker muss man
sich als Verliebte vorstellen, die über ein inneres Meer
und durch ein inneres Land ziehen, mit nichts als ihrer
Sehnsucht, ohne zu wissen, ob es da jemanden gibt. Nur
mit jener kindlichen Frage: »Ist das alles, was ich bin, ist
da sonst gar nichts mehr?« Ja, die über ihrer Suche
schließlich sogar ihr Ich aufgeben, sich verlassen, ähnlich
wie die Sarazenin ihre Heimat und Herkunft verließ, um
sich auf ein unbekanntes Meer hinauszuwagen. Angelus
Silesius sagte es so:

»Wann du dich willst in Gott und seinen Abgrund
senken,

so musst du nicht an ihn, auch nicht an dich
  gedenken.«

In diesem unendlichen inneren Meer jenseits von Zeit
und Raum aber taucht dann sozusagen ein Magnet auf,
eine Insel von Licht, von dem sie sich angezogen fühlen,
um schließlich selig darin zu versinken. Von außen mag
es aussehen, als wäre dieser Mensch gestorben und für
das Leben auf dieser Erde nicht mehr ansprechbar, er
selbst aber jubelt, wie Angelus Silesius es ausdrückt:

»Wenn ich in Gott vergeh, so komm ich wieder hin,
wo ich in Ewigkeit vor mir gewesen bin.«

Die *Unio mystica* ist erreicht, das Ziel der Sehnsucht gefunden, und trotzdem bleibt auch dieser Mensch an dieses Leben gebunden. Das selige Einssein, mag es subjektiv eine Ewigkeit währen, dauert in gemessener Zeit nur
einige Minuten oder Stunden, dann muss er zurück in
Zeit und Raum, muss weiterleben wie andere auch. Aber
er kehrt als ein Verwandelter zurück, es ist, als bleibe er
wie durch eine Nabelschnur mit jenem Nichtort in der
Nichtzeit verbunden, den er Gott nennt:

»Die Gottheit ist mein Saft: Was aus mir grünt und
  blüht,
das ist sein heiliger Geist, durch den der Trieb
  geschieht.«

Im günstigen Fall sind Mystikerinnen und Mystiker von
da an tatsächlich wie glückliche Babys, sie haben etwas
Kindliches, Naives, und andere, die sich ernsthaft mit
den Problemen dieser Welt und ihrer Verantwortung
herumschlagen, können diese Narren Gottes nicht ganz
ernst nehmen. Tatsächlich haben Mystiker oft das Verhalten von Narren, sie spotten über das, was andere wichtig
finden, und können lachen, wo andere weinen. Ihre
kindliche Heiterkeit hat aber auch etwas Erfrischendes.
Es ist, als könnten die allzu menschlichen Leiden ihnen

wenig anhaben, und ihre auf den ersten Blick so weltfremde Weisheit überzeugt gerade durch ihre Fröhlichkeit, insbesondere im Vergleich mit den amtlichen Vertretern der Religion, die meistens so furchtbar ernst sind und sich wichtig tun.

Allerdings hat es auch Mystiker gegeben, die den einmal eingeschlagenen Weg, der sie zum Ziel ihrer Sehnsucht geführt hatte, nicht wiederfanden, wenn sie erneut suchten. Und sie sind dann unglücklicher als andere, ähnlich unglücklich wie Verliebte, die getrennt wurden. Es ist, als trieben sie auf einem endlosen dunklen Meer dahin, ohne dass sich jene Insel aus Licht vor ihnen zeigen will. Der bekannteste Zeuge dieses trostlosen Zustandes ist Johannes vom Kreuz, der von der »dunklen Nacht der Seele« schrieb. Andere reden von einer trockenen Wüste, in der sie ausharren müssten, bis die Verbindung wieder hergestellt ist und sie erneut die Seligkeit erleben, die am ehesten mit dem Glück von Verliebten zu vergleichen ist, die sich nach einer Trennung erneut in den Armen liegen.

> »Es kann in Ewigkeit kein Ton so lieblich sein,
> als wenn des Menschen Herz mit Gott stimmt
>   überein.«

Angelus Silesius gehörte offenbar zu den glücklichen Mystikern, die an der Nähe des Geliebten, an Gott, nie zweifelten, höchstens an sich selbst:

> »Gott kann sich nicht entziehn, er wirket für und für,
> fühlst du nicht seine Kraft, so gib die Schuld nur dir.«

Oder:

> »Du darfst zu Gott nicht schrein,
> der Brunnquell ist in dir: Stopfst du den Ausgang
>   nicht, er flösse für und für.«

Für ihn war das Paradies nicht mehr fern und unerreichbar, sondern schon Gegenwart:

»Christ, so du kannst ein Kind von ganzem Herzen
werden,
so ist das Himmelreich schon deine hier auf Erden.«

Der Optimismus des Angelus Silesius und seine kindliche Schlichtheit fallen auf. Hans Urs von Balthasar
nannte ihn einen »sich in Liebe verzehrenden Trouba-
dour«. Bei Silesius aber wird auch am deutlichsten, dass
es sich sozusagen lohnt, alle anderen Ziele zugunsten
des einen aufzugeben, das nicht enttäuscht und keine
Wünsche mehr offen lässt. Wen oder was aber hat er
denn eigentlich gefunden? Wirklich Gott? Auch die Bezeichnung »Gott« ist ja eigentlich nur ein Symbol, und
immer, wenn Mystiker, die ihn doch offenbar kennen,
ihn beschreiben, geben sie Auskünfte, die eher verwir-
ren, als eine Definition zu sein, so auch Silesius:

»Gott wohnt in einem Licht, zu dem die Bahn gebricht.
Wer es nicht selber wird, der sieht ihn ewig nicht.«

So schlicht die Worte, so unzugänglich die Botschaft.
Und doch muss da irgendetwas sein, dem die Mystiker
begegnen oder mit dem sie verschmelzen.

Versuchen wir darum noch einen Zugang von ganz anderer Seite, von der Naturwissenschaft her.

Der Physiker Fritz Popp hat entgegen den gängigen
Überzeugungen der Biologen nachgewiesen, dass der
Mensch, wie natürlich auch alle anderen Lebewesen,
Licht in sich hat und die wichtigsten Informationen nicht
etwa nur durch Nerven, das Blut und Hormone durch
den Körper geschickt werden, sondern mit Licht, mit
Lichtgeschwindigkeit. Unsere Zellen, ganz besonders die
DNS, sind nach seiner Theorie Lichtspeicher und, was
noch erstaunlicher ist, Lichtsender, und zwar strahlen sie
kohärentes, gebündeltes Licht aus, Laserstrahlen. Marco
Bischof veröffentlichte ein Buch darüber mit dem Titel
»Biophotonen. Das Licht in unseren Zellen«. Biophotonen
sind mit den üblichen Geräten kaum messbar, weil sie

eine sehr geringe Intensität haben. Sie sind ein weiterer Beleg dafür, dass die Natur mit geringer Energie und geringem Aufwand Erstaunliches bewirkt. Dazu muss man wissen, dass nach Überzeugung moderner Physiker die Photonen, also die Träger des Lichts, jene Kraft im Universum darstellen, die Ordnung und damit Leben strukturieren. Marco Bischof schreibt: »Bereits Newton sprach in seiner ›Optik‹ davon, dass es zwei Arten von Licht gebe, das ›phänomenale Licht‹, das Licht im physikalischen Sinne, und das ›numenale oder potenzielle Licht‹ (das lateinische Wort ›numen‹ bezeichnet eine unfassbare göttliche Wirkmächtigkeit), das vor allem in lebenden Organismen vorkomme und Träger des Geistes sei.« Die Photonen nun gelten als die Zwischenträger zwischen Geist und Materie. Geist aber ist für Physiker Information, das heißt die Welt gestaltende Form. Sie vermuten, dass es außer der messbaren, der physikalischen Welt einen Null- oder Leerraum gibt, der aber keineswegs leer ist, sondern alle potenziellen Informationen enthält. Aus diesem Null- oder Leerraum springt die uns bekannte Welt sozusagen ständig heraus, in sie sinkt sie auch wieder zurück. Marco Bischof sagt: »Was die Biophotonen aus der Sicht Popps zu einer Brücke zu ›höheren Dimensionen‹ macht, ist ihre Kohärenz. Kohärente Zustände an der Laserschwelle … vereinigen Welle und Teilchen in sich und bilden die Mitte zwischen potenzieller und aktueller Information.« Das Besondere an der DNS in unseren Zellen ist nun, dass sie offenbar hin- und herschwingt, oszilliert zwischen Sein und Nichtsein, zwischen dem Null- oder Leerraum, also dem Vakuum und dem existierenden Sein. »Popp wagt«, so Marco Bischof, »die Prophezeiung, die DNS werde sich als Schnittstelle zwischen Nichts und Etwas, zwischen Vakuum und Biologie herausstellen.«

Schon oft ist in den letzten Jahren festgestellt worden, dass sich zwischen den Aussagen der modernen Naturwissenschaft und der Mystik auf einmal eine erstaunliche Übereinstimmung ergibt, eine Konvergenz. Die anscheinend einander fernsten menschlichen Bemühungen treffen sich auf einmal. Auch die Mystiker sprechen von Gott immer wieder als von der Leere und sprechen von ihm als von dem Alles und Nichts. Das stimmt mit dem überein, was die Physiker heute das Vakuum, den Null- oder Leerraum nennen, der nur von unseren Sinnen her leer, ein Nichts ist, in Wahrheit aber Ursprung alles uns bekannten Seins. Wie sagte Silesius:

>Gott ist ein Geist, ein Feuer, ein Wesen und ein Licht, und ist doch wiederum auch dieses alles nicht.«

Nein, er ist es nicht, weil er – physikalisch ausgedrückt – die potenzielle Information in oder hinter den Erscheinungen von Feuer und Licht ist, das »numenale oder potenzielle Licht«, wie Newton sagte.

Was Mystiker auf ihrer Reise nach innen tun, könnte man nun so zu beschreiben versuchen: Sie senken ihr Bewusstsein gleichsam in die Zellebene hinab und bis zu ihrem Kern, der DNS. Man könnte auch sagen, sie erfassen intuitiv, was sich dort abspielt. Dort schwingt, wie Popp sagt, jenes Biophotonenfeld, das kohärente Licht, das eine Nahtstelle ist zwischen Potenz und Existenz, zwischen dem Schöpfer und dem Geschöpf. In symbolischer Sprache ist dort das Tor zur Gottheit.

Nun sind die physikalischen Auskünfte über das Wunder des Lebens auf der Ebene des Mikrokosmos ähnlich schwer zu fassen oder zu verstehen wie die Worte der Mystiker, einfach, weil unsere normalen Sinne weder sehen noch fühlen können, was sich in unseren Zellen ständig abspielt, uns am Leben erhält und unsere Entwicklung steuert. Aber womöglich sind wir Heutigen eher bereit, Naturwissenschaftlern abzunehmen, dass das Leben ein Wunder ist, von dessen Gesetzen wir kaum etwas ahnen, als den Mystikern zu trauen, die ihre Erfahrungen in poetischen Bildern ausdrücken und auf Nachfragen erneut nur Geschichten erzählen und

Gleichnisse bringen. Übrigens verhalten Physiker sich ähnlich, wenn sie Laien etwas erklären wollen, weil das, was sie erkennen, exakt nur in mathematischen Formeln wiederzugeben ist, die unsereins nicht versteht. Auch sie greifen dann zu Bildern und Vergleichen oder gar zu paradoxen Formulierungen.

Der große jüdische Mystiker Israel ben Elieser, genannt der Baalschemtow, hat gesagt: »Wehe, die Welt ist voll von gewaltigen Lichtern und Geheimnissen, und der Mensch verstellt sie sich mit seiner kleinen Hand.« Die »kleine Hand«, das sind unsere Sinne, das ist die Übereinkunft über das, was nötig ist, um das Leben zu bestehen. Das alles macht zugleich aber auch unsere Blindheit aus für die hinter den Dingen, zum Beispiel im Mikrokosmos unserer Zellen oder in der intuitiven Kraft der Seele, regierenden wahren Kräfte des Lebendigen.

Wer das ahnt und grundsätzlich bereit ist, das Undenkbare zu denken und das Unvorstellbare für möglich zu halten, der ist schon auf dem Wege, ein Mystiker zu werden. Denn was sich den Sinnen zu entziehen scheint, ist zugleich ganz offenkundig und für jeden zu sehen. Auch das ist eines der Paradoxe der Mystik. Goethe zum Beispiel sprach von einem »heilig öffentlichen Geheimnis« und meinte damit, dass sich in der Natur, im Lebendigen Gott für jeden erkennbar offenbart. Dieses Geheimnis erschließt sich dem, der staunen kann wie ein Kind, zum Beispiel darüber, dass etwas ist und nicht nichts und dass man selbst auf der Welt ist. Oder der in dem Schönen, das er auf der Erde sieht, einen liebenden Sinn erahnt. Noch einmal Angelus Silesius, der sich dieses kindliche Staunen bewahrt hat:

»Die Ros ist ohn Warum, sie blühet, weil sie blühet,
sie acht nicht ihrer selbst, fragt nicht, ob man sie
   siehet.«

Das einfache Blühen und Duften einer Rose wurde ihm zum Gleichnis dafür, dass auch der Mensch keine Rechtfertigung für sein Sein braucht, sondern ähnlich selbstverständlich, ja kindlich einfältig einfach er selbst sein soll.

Angelus Silesius schreibt:

»Blüh auf, gefror'ner Christ, der Mai steht vor der Tür, du bleibest ewig tot, blühst du nicht jetzt und hier.«

Eine Rose, die Sonne, der Wind, jedes Lebewesen und jedes Phänomen auf der Erde sind jenes heilig öffentliche Geheimnis, das über sich selbst auf Gott hinausweist, auf Geist, auf einen liebenden Willen, der sie ins Sein ruft und sein lässt.

»Das Brot ernährt dich nicht, was dich im Brote speist, ist Gottes ew'ges Wort, ist Leben und ist Geist.«

Diese kühne Behauptung wird durch die Kenntnis von den Biophotonen heute sogar wissenschaftlich belegt. Denn selbstverständlich nehmen wir mit natürlicher Nahrung auch das Licht anderer lebender Zellen in uns auf.

Dies wahrzunehmen und anzuerkennen bedeutet, weise zu werden. Angelus Silesius staunt:

»Die Weisheit ist ein Quell: je mehr man aus ihr trinkt, je mehr und mächtiger sie wieder treibt und springt.«

Also nicht nur der Weg nach innen macht zum Mystiker, auch der Weg über die Sinne kann zum Ziel führen, wenn derjenige, der sieht, hört, fühlt, riecht und schmeckt, dies sozusagen mit dem Herzen tut und seine kindliche Freude daran hat. Dann begegnet ihm das göttliche Licht auf Schritt und Tritt.

»Mensch, gibst du Gott dein Herz, er gibt dir seines wieder.
Ach, welch ein werter Tausch! Du steigest auf, er nieder.«

Mystiker zu werden bedarf also keiner komplizierten Techniken, einer moralischen Anstrengung oder theologischen Wissens. Mystikerin, Mystiker ist jeder, der das Leben liebt und sich durch keine noch so gescheiten Argumente von seiner Freude am Dasein abbringen lässt. Mystiker und Mystikerin ist jeder, der das Staunen nicht verlernt hat oder es wieder lernt. Angelus Silesius lehrt:

>>Die Schöpfung ist ein Buch:
wer's weislich lesen kann, dem wird darin gar fein der
Schöpfer kundgetan.<<

Und Mystiker ist jeder, der zu lieben weiß – einen geliebten anderen Menschen, ein Kind, einen Stern, einen Baum oder was immer ihn fasziniert. Denn alles, was über die Grenzen des Ichs hinauszieht, bringt Gott näher. Angelus Silesius drückt das so aus:

>>Wer in dem andern nichts als Gott und Christus sieht,
der siehet mit dem Licht, das aus der Gottheit blüht.<<

Der Mensch mit all seinen Fähigkeiten, mit seiner Sehnsucht und seiner Suche nach dem Sinn ist schließlich selbst ein heilig öffentliches Geheimnis – für sich und für andere. Und Gott ist in dem allen gegenwärtig.

>>Die Gottheit ist ein Brunn, aus ihr kommt alles her
und läuft auch wieder hin. Drum ist sie auch ein
Meer.<<

Literatur

Angelus Silesius: Cherubinischer Wandersmann, Auswahl und Nachwort Hans Urs von Balthasar; Einsiedeln 1980

Benz, Ernst: Geist und Leben der Ostkirche, Hamburg 1957

Bischof, Marco: Biophotonen. Das Licht in unseren Zellen, Frankfurt am Main 1995

Bryson, Bill: Eine kurze Geschichte von fast allem, München 2005

Campbell, Joseph: Der Heros in tausend Gestalten, Frankfurt am Main 1978

Die Legenda aurea des Jacobus de Voragine, 9. Aufl., Heidelberg 1979

Dieckmann, Hans: Träume als Sprache der Seele, Leinfelden-Echterdingen 1972

Drewermann, Eugen: Tiefenpsychologie und Exegese, Bd. 1, Olten 1990

Hesse, Hermann: Siddhartha. Eine indische Dichtung, Frankfurt am Main 1974

Jacobelli, Maria Caterina: Ostergelächter, Regensburg 1992

Jung, Carl Gustav: Die praktische Verwendbarkeit der Traumanalyse. In: Wirklichkeit der Seele, Zürich 1934

Jung, Carl Gustav: Gesammelte Werke 11, Zur Psychologie westlicher und östlicher Religionen, Olten, 2. Aufl. 1973

Kast, Verena: Wenn wir uns versöhnen, Stuttgart 2006

Klein, Stefan: Alles Zufall, Die Kraft, die unser Leben bestimmt, Hamburg 2004

Laing, Ronald D.: Phänomenologie der Erfahrung, Frankfurt am Main 1969

Meier-Seethaler, Carola: Das Gute und das Böse. Mythologische Hintergründe des Fundamentalismus in Ost und West, Stuttgart 2004

Miller, Alice: Du sollst nicht merken. Variationen über das Paradies-Thema, Frankfurt am Main 1981

Müller, Lutz: Trotzdem ist die Welt ein Rosengarten, Stuttgart 1996

Otto Walter, Dionysos: Mythos und Kultus, 4. Aufl. Frankfurt am Main 1980

Pascal, Blaise: Gedanken, Ditzingen 1997

Schenk, Amélie / Tschinag, Galsan: Im Land der zornigen Winde, Zürich 1999

Steffen, Uwe: Drachenkampf. Der Mythos vom Bösen, Stuttgart 1984

Ströter-Bender, Jutta: Heilige, Begleiter in göttliche Welten, Stuttgart 1990

von Franz, Marie-Louise: »Aktive Imagination in der Psychologie von C. G. Jung« in: Meditation in Religion und Psychologie. Ein Tagungsbericht Hrsg. Wilhelm Bitter, Stuttgart 1973

Watzlawick, Paul, Weakland, John H., Fisch, Richard: Lösungen. Zur Theorie und Praxis menschlichen Wandels, Bern 1974

Wilber, Ken: Eine kurze Geschichte des Kosmos, Frankfurt am Main 1997

Quellennachweis

S. 23 aus: Benn, Gottfried: Letzter Frühling, aus: Sämtliche Werke, Stuttgarter Ausgabe, Bd. 1, Gedichte I, In Verb. M. Ilse Benn hrsg. v. Gerhard Schuster. © Klett-Cotta, Stuttgart 1986

S. 27 aus: Marti, Kurt: Sola gratia, aus: Namenszug mit Mond © 1996 Nagel & Kichme im Carl Hanser Verlag, München

S. 92 aus: Kaschnitz, Marie Luise: Überallnie. Ausgewählte Gedichte 1928–1965, © 1965 Claasen Verlag in der Ullstein Buchverlage GmbH Berlin

S. 142 aus: Kaschnitz, Marie Luise: Gesammelte Werke, Fünfter Band, Insel Verlag, Frankfurt am Main 1985

Trotz intensiven Nachforschens war es nicht in allen Fällen möglich, die genaue Quelle ausfindig zu machen. Wenn in dem ein oder anderen Fall die Urheberrechtslage nicht hinreichend geklärt werden konnte, ist der Verlag für weiterführende Hinweise dankbar. Berechtigte Honoraransprüche werden selbstverständlich auch nachträglich abgegolten. Den Autoren und Verlagen, die bei der Suche nach den Quellen wertvolle Hilfe leisteten, sei an dieser Stelle für die freundlicherweise erteilte Abdruckerlaubnis gedankt.

Bibliografische Information der Deutschen Bibliothek
Die Deutsche Bibliothek verzeichnet diese Publikation in der
Deutschen Nationalbibliografie; detaillierte bibliografische Daten
sind im Internet über http://dnb.ddb.de abrufbar.

© 2009 Verlag Kreuz GmbH
Postfach 80 06 69, 70506 Stuttgart

www.kreuzverlag.de

Alle Rechte vorbehalten
Umschlaggestaltung: bergmoser + höller agentur, Aachen
Umschlagbild: © Stefanie Sudek-Mensch
Satz: de·te·pe, Aalen
Druck: CPI – Clausen & Bosse, Leck

ISBN 978-3-7831-3249-6